승정원일기

왕들의 살아 있는 역사

승정원일기

왕들의 살아 있는 역사

김종렬 지음 · 노준구 그림

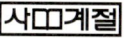

차례

머리말 / 6

1부 《승정원일기》보다 나은 것이 없다 / 8

유네스코 세계 기록 유산으로 등재된 《승정원일기》 / 9

직필과 기록의 나라 / 21

2부 승정원과 《승정원일기》를 쓴 사람들 / 30

왕과 가장 가까운 곳, 승정원 / 31

'은대학사' 여섯 명의 승지 / 44

왕의 숨결까지 기록한 주서 / 53

3부 《승정원일기》에 담긴 이야기 / 62

그날의 날씨는? / 63

밤사이 전하의 건강은 어떠하십니까? / 72

백성을 두루 살피다 / 80

왕이 이르노니, 부디 나의 잘못을 말하라 / 90

그날의 일을 지울 수 있을까? / 100

국왕의 일생을 담다 / 109

승선원(승정원)을 폐지하라 / 120

도판 목록 / 138

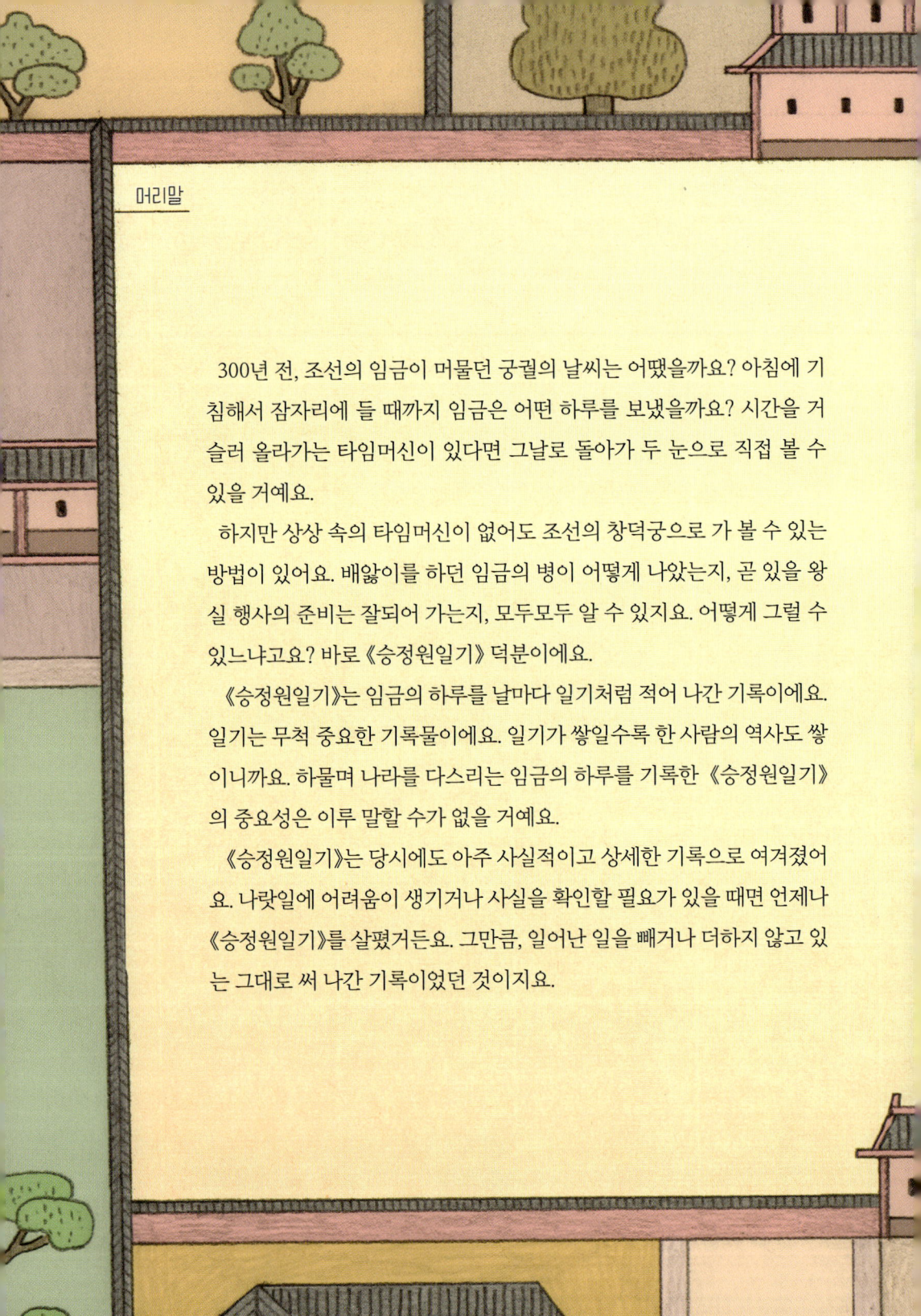

머리말

300년 전, 조선의 임금이 머물던 궁궐의 날씨는 어땠을까요? 아침에 기침해서 잠자리에 들 때까지 임금은 어떤 하루를 보냈을까요? 시간을 거슬러 올라가는 타임머신이 있다면 그날로 돌아가 두 눈으로 직접 볼 수 있을 거예요.

하지만 상상 속의 타임머신이 없어도 조선의 창덕궁으로 가 볼 수 있는 방법이 있어요. 배앓이를 하던 임금의 병이 어떻게 나았는지, 곧 있을 왕실 행사의 준비는 잘되어 가는지, 모두모두 알 수 있지요. 어떻게 그럴 수 있느냐고요? 바로《승정원일기》덕분이에요.

《승정원일기》는 임금의 하루를 날마다 일기처럼 적어 나간 기록이에요. 일기는 무척 중요한 기록물이에요. 일기가 쌓일수록 한 사람의 역사도 쌓이니까요. 하물며 나라를 다스리는 임금의 하루를 기록한《승정원일기》의 중요성은 이루 말할 수가 없을 거예요.

《승정원일기》는 당시에도 아주 사실적이고 상세한 기록으로 여겨졌어요. 나랏일에 어려움이 생기거나 사실을 확인할 필요가 있을 때면 언제나《승정원일기》를 살폈거든요. 그만큼, 일어난 일을 빼거나 더하지 않고 있는 그대로 써 나간 기록이었던 것이지요.

《승정원일기》에는 수많은 이야기와 역사 속 인물들이 생생하게 살아 숨 쉬고 있어요. 임금과 신하들이 나누었던 대화는 마치 그 자리에 함께 있는 듯 실감 나게 들려오고 왕실의 다양한 행사와 궁궐 밖으로 나간 임금의 행차는 눈으로 보는 것처럼 생생하게 그려지지요. 임금이 하루하루 펼친 나랏일을 따라가다 보면 조선이 어떤 나라였는지 알게 될 거예요.

또, 나라 곳곳에서 벌어졌던 다양한 사건과 백성들이 살아가는 모습까지 찾아볼 수가 있으니, 그야말로 《승정원일기》는 조선의 모든 것을 차곡차곡 쌓아 놓은 귀중한 역사책이에요.

조선의 마지막 날까지 써 나갔던 방대한 양과 풍부한 이야기를 담아낸 《승정원일기》는 세계적으로도 그 우수성과 가치를 인정받고 있어요. 하지만 안타깝게도 아직은 많은 부분이 한글로 번역되지 않아 쉽게 읽어 볼 수가 없어요. 언젠가 《승정원일기》가 완전한 모습으로 세상에 나온다면 우리가 전혀 알지 못했던 새로운 조선을 만나게 될지도 몰라요.

이제 《승정원일기》를 만날 준비가 되었나요? 《승정원일기》와 함께 조선의 살아 있는 이야기와 만날 준비 말이에요. 자, 시작합니다.

2017년 여름, 김종렬

1부

《승정원일기》보다 나은 것이 없다

유네스코 세계 기록 유산으로 등재된 《승정원일기》

2001년 6월, 청주에서 '유네스코 세계 기록 유산 제5차 국제 자문 회의'가 열리고 있었어요. 세계 여러 나라에서 신청한 수많은 기록물 가운데 다음 세대까지 보존해야 할 가치가 있는 인류의 기록 유산을 선정하는 자리였어요.

우리나라가 신청한 《직지심체요절》과 《승정원일기》도 세계 기록 유산 후보로 추천되어 등재를 기다리고 있었어요. 선정하는 기준이 까다로웠던 만큼 심사는 아주 엄격하게 진행되었어요. 그런데 《승정원일기》를 심사하는 동안 자문 위원회에서는 유난히 깊이 있는 질문들이 이어졌다고 해요. 《조선왕조실록》이 이미 1997년에 세계 기록 유산으로 지정되었는데 《승정원일기》까지 등재되어야 하는 이유를 이해할 수가 없었던 거예요.

자문 위원회는 《조선왕조실록》과 《승정원일기》 모두 조선 시대를 기록한 비슷한 역사책이라 여겼어요. 아울러 몇몇 위원들은 《승정원일기》가 세계 역사에 영향을 주지 않는, 한 나라만의 고유한 기

록이 아니냐는 의견을 내놓았어요. 하지만《승정원일기》에 담겨 있는 다채로운 이야기와 역사적 가치를 알고 나서 놀라움을 감추지 못했어요.

《승정원일기》는 세계에서 유래를 찾아볼 수 없을 만큼 기록이 방대하고 실려 있는 내용 또한 아주 풍부했어요. 서양의 문물이 조선으로 들어오는 과정과 그 당시 문물을 접한 사람들의 생각까지 생생하게 기록해 놓아 역사 자료로도 세계적인 가치가 있었던 거예요. 결국 같은 해 9월,《승정원일기》는《직지심체요절》과 함께 세계 기록 유산으로 등재되었어요. 우리나라의 귀중한 보물인《승정원일기》가 인류의 소중한 자산으로 당당하게 인정받는 순간이

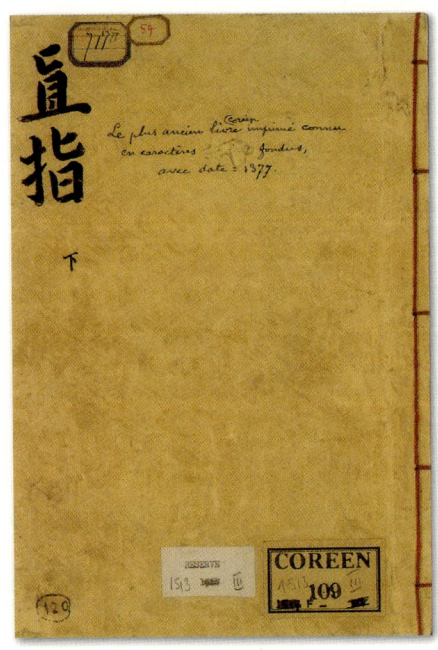

《직지심체요절》

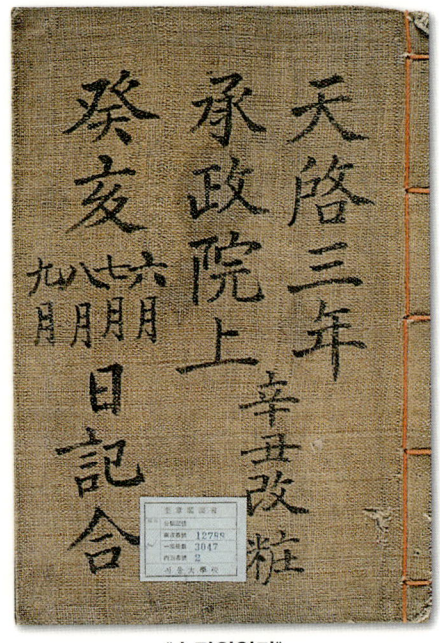

《승정원일기》

었답니다.

 그렇다면 세계 기록 유산으로 등재된 《승정원일기》는 어떤 책일까요? 《승정원일기》 속에서 우리가 살펴봐야 할 가치는 무엇이 있을까요?

 《승정원일기》는 국왕의 비서실이던 '승정원'에서 날마다 기록한 일기예요. 그날그날 임금이 처리한 업무를 일기 형식으로 기록해 두었다가 매달 한 권씩 책으로 엮었는데, 내용이 많을 때는 두 권 이상을 한 책으로 묶을 때도 있었어요.

 왕이 다스리는 국가에서 왕의 업무를 기록하는 일은 무척 중요했어요. 왕이 곧 나라의 중심이었기 때문에 왕의 하루를 기록하는

《조선왕조실록》

《**직지심체요절**》 금속 활자로 인쇄된 책 중에서 세계에서 가장 오래된 책인 《직지심체요절》. 2001년 유네스코 세계 기록 유산으로 등재되었으며, 현재 프랑스에 있다.

《**승정원일기**》 1623년 인조 때부터 1910년 마지막 황제 융희 때까지의 기록이 남아 있는 《승정원일기》. 국보 303호로, 2001년 9월 유네스코 세계 기록 유산으로 등재되었다.

《**조선왕조실록**》 1392년 조선 태조 때부터 1863년 철종 때까지 25대 왕의 역사를 기록한 《조선왕조실록》. 국보 151호로, 1997년 유네스코 세계 기록 유산으로 등재되었다.

것은 역사를 기록하는 것과 같은 의미였거든요.

《승정원일기》는 조선 초기부터 기록한 것으로 알려져 있어요. 하지만 임진왜란으로 그동안 작성했던 일기가 모조리 불타 버리고 말았지요. 영조와 고종 때도 궁궐에 불이 나 많은 일기가 사라지자 다시 자료를 모아 되살려 낸 일도 있었어요. 지금은 1623년 3월 인조가 임금이 되던 해부터 마지막 임금인 순종이 물러나던 1910년 8월까지, 288년 동안의 일기가 남아 있어요.

조선 초기의 일기가 사라진 것은 매우 안타깝지만 남아 있는 기록만으로도 《승정원일기》는 세계 최대 규모를 자랑하는 역사책이에요. 288년 동안 기록해 나간 글자 수가 약 2억 4250만 자에 이르고 책으로 묶은 게 3243책에 달한다고 하니 정말 어마어마하지요? 888책 5400만여 자로 기록된 《조선왕조실록》과 비교해 보면 그 양이 얼마나 방대한지 짐작할 수 있을 거예요. 중국 역사서를 모아 놓은 《25사》도 약 4000만 자에 불과하고 명나라의 역사를 기록했다는 《명실록》조차 1600만여 자에 지나지 않거든요. 만약 조선 초기의 일기가 불타지 않고 남아 있었다면 《승정원일기》의 양은 더 어마어마했을 거예요.

《승정원일기》의 또 다른 가치는 다양한 분야의 기초 자료가 된다는 점이에요. 일기는 항상 날짜와 날씨로 시작하는데, 288년 동안의 날씨와 천문 현상이 빠짐없이 기록되어 있어요. 비가 내릴 때

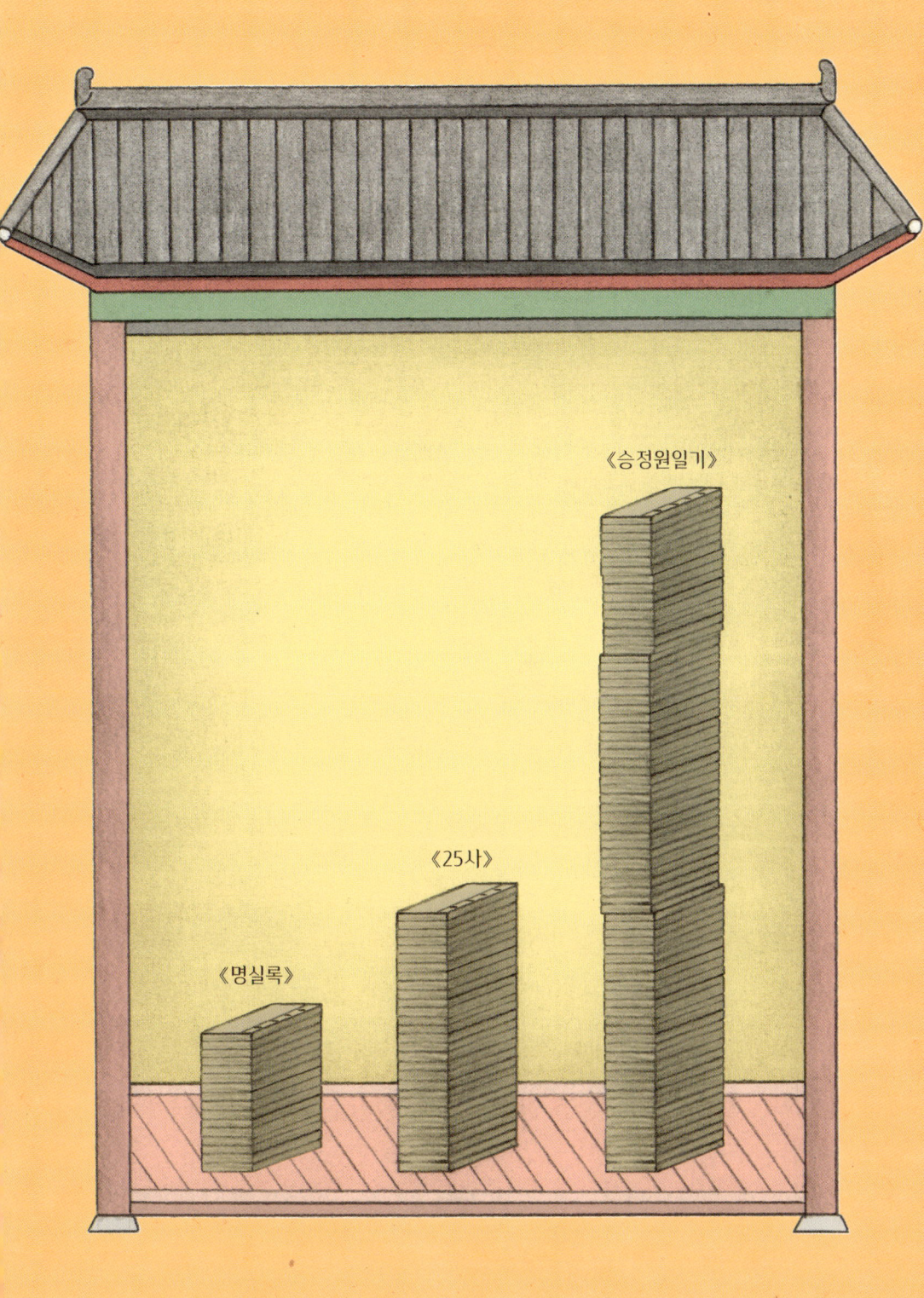

마다 측우기로 측정해 놓은 강우량은 세계에서 가장 오래된 관측 기록이에요. 《승정원일기》에서만 찾아볼 수 있는 이런 기록들은 오늘날의 기상과 장기간에 걸친 기후 변화를 연구하는 데 꼭 필요한 자료예요. 또 내의원에서 임금의 건강을 보살피고 약을 처방한 기록까지 실려 있어 한의학 연구에 귀중한 자료가 되고 있어요.

 조선 시대의 다양한 의례가 실려 있는 점도 주목할 만해요. 조선의 임금은 태어나 숨을 거둘 때까지 세자 책봉과 결혼식처럼 여러 가지 통과 의례를 거쳐야 했어요. 이런 의례들을 치르기 위해 임시로 도감을 설치하고 관련 내용을 상세하게 기록한 보고서인 '의궤'를 남기기도 했지만 《승정원일기》에는 도감이 설치되고 의궤가 만

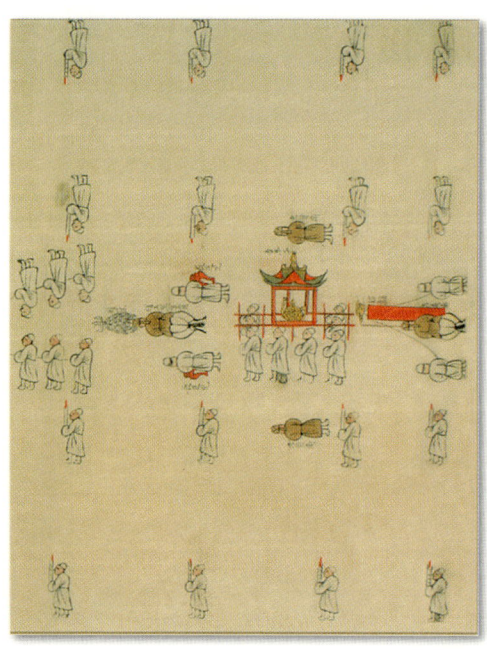

들어지는 과정조차 모두 기록이 되어 있지요. 일기는 다양한 의례의 진행 과정을 아주 생생하게 기록해 놓았어요. 마치 녹화해 둔 영상을 다시 보듯 지금이라도 당장 그날의 행사를 재연해 낼 수 있을 정도라고 해요. 이러한 기록들은 왕의 일생과 왕실 문화를 연구하는 데 많은 도움을 주고 있답니다.

《승정원일기》는 왕이 처리한 나랏일을 모두 기록했기 때문에 왕이 어떻게 국정을 운영해 나갔는지 알 수 있어요.

승정원의 관리들은 여러 관청에서 올라온 보고서와 문서들을 정리해 임금에게 올렸어요. 임금은 승정원을 거쳐 올라온 문서들을 살펴 명을 내렸고, 지방으로 내려가는 관리들에게 마음가짐을

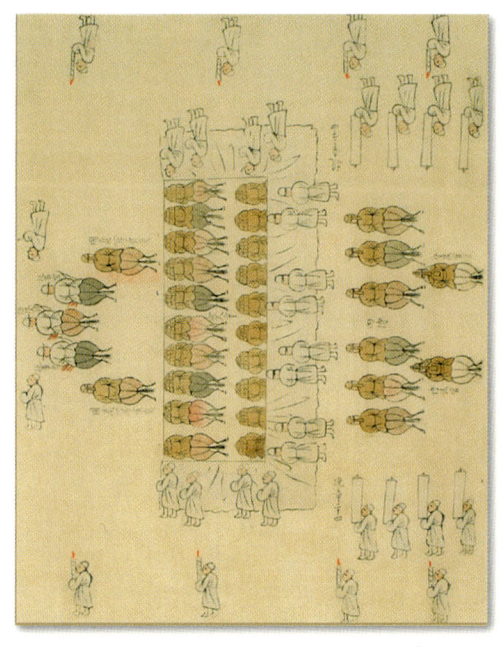

효종, 세상을 떠나다
조선 17대 왕 효종의 장례식을 그린 그림이다. 이러한 그림을 '반차도'라 한다. 반차(班次: 나눌 반·이을 차)는 말 그대로 사람들을 맡은 바 임무에 따라 나누고, 차례로 움직이는 모습을 그린 것이다. 조선의 왕은 태어나서 죽을 때까지 절대 권력을 바탕으로 화려한 삶을 살았다. 하지만 삶의 모든 것이 기록으로 남는다면 큰 부담이 아닐 수 없다.

물었어요. 지방 수령이 올린 보고서를 통해 나라 곳곳에서 일어나는 사건들을 살폈고 백성들과 직접 만나 어려움을 듣기도 했어요.

승정원의 관리들은 임금이 궁궐에서 업무를 볼 때나 궁 밖으로 행차할 때도 그림자처럼 따라다니며 모든 것을 기록으로 남겼어요. 회의가 열린 날짜와 장소, 참석했던 관리들의 명단과 논의했던 내용까지 하나도 빼놓지 않았지요.

이 기록들 가운데 임금과 신하가 나누었던 대화들은 당시 조선이 어떤 문제로 고민했는지 알 수 있는 중요한 기록이에요. 정책이 어떻게 결정되고 실행됐는지 살펴볼 수 있지요.

놀라운 것은 모든 대화가 마치 타임머신을 타고 조선 시대로 돌아가 왕의 옆자리에서 듣고 있는 것처럼 아주 실감 나게 기록되어 있다는 점이에요. 의견이 맞지 않아 불같이 화를 내는 임금의 표정과 기개를 꺾지 않고 당당하게 자기 뜻을 주장하는 신하의 거친 숨소리까지 느껴질 만큼 아주 생생해요. 이 또한《승정원일기》가 높게 평가받는 이유랍니다.

하나 더 빼놓을 수 없는 가치는《승정원일기》가 기록하는 사람의 의견이 들어가지 않은 1차적인 역사 자료라는 점이에요.

《조선왕조실록》은 임금이 세상을 떠난 뒤에 1차 역사 자료인 사초를 토대로 다시 편찬했지만《승정원일기》는 현장에서 일어난 일을 사실대로 기록했기 때문에 2차적인 편집이 들어갈 수 없었어요.

실록을 편찬할 때도 반드시《승정원일기》를 살펴야 했을 만큼 기본이 되는 역사 자료였지요.

　《조선왕조실록》과 비교해 보면《승정원일기》의 기록이 얼마나 상세하고 사실적인지 바로 알 수 있어요. 조선 시대에는 유생들의 상소가 조정으로 많이 올라왔는데, 만약 1만 명이 이름을 적어 상소를 올렸다면 실록은 간단하게 그 사실만을 기록했어요. 그러나《승정원일기》에는 상소를 올린 1만 명의 이름을 모두 적고 상소의 내용까지 모조리 기록했을 정도였어요. 기록의 상세함에서《승정원일기》를 따를 만한 역사서가 없었던 거예요.

　《조선왕조실록》은 왕조차도 함부로 볼 수 없었지만《승정원일기》는 나라를 다스릴 때, 필요에 따라 쉽게 열람이 가능했어요. 왕과 신하들이 나누었던 비밀스런 이야기까지 모두 적었다고 하니, 이것만으로도《승정원일기》가 얼마나 사실적이고 가치 있는 기록인지 알 수 있어요. 민주주의 공화국임에도 불구하고 정권이 바뀔 때마다 대통령 기록물이 사라지거나 은폐되는 요즘의 현실 정치에 시사하는 바가 크지요.

　이처럼《승정원일기》는 조선 시대의 정치와 경제, 사회와 문화 등을 모두 살펴볼 수 있는 기록이에요. 조선 시대를 연구하는 데 없어서는 안 될 소중한 역사 자료이자 살아 있는 조선의 보고서라고 할 수 있지요.

그러나 안타깝게도 지금은《승정원일기》를 쉽게 읽어 볼 수가 없어요. 어려운 한자로 기록된《승정원일기》를 한글로 번역하고 있지만 아직 풀어내지 못한 부분이 너무 많기 때문이에요. 현재《승정원일기》의 번역은 '한국고전번역원'을 중심으로 진행되고 있어요. 지금까지 번역된《승정원일기》는 '한국고전번역원' 웹 사이트에 들어가 누구나 쉽게 찾아볼 수 있어요. 하지만 아직은 전체의 20퍼센트밖에 번역되지 못했다고 해요.《승정원일기》를 모두 번역하려면 앞으로도 45년은 더 걸린다니, 다시 한 번 그 어마어마한 양에 놀랄 수밖에 없어요.

이처럼 어렵고 오래 걸리는 문제를 해결하기 위해 2017년부터 인공 지능 프로그램을 활용해《승정원일기》를 번역할 예정이라고 해요. 이렇게 되면 무려 27년여를 앞당겨 약 2035년에는 번역이 마무리된다고 하니 참 반가운 일이에요. 아마도《승정원일기》가 전부 번역된다면 그동안 우리가 몰랐던 조선의 새로운 모습을 알 수 있는 기회가 될 거예요.

《승정원일기》는 손으로 직접 쓴 원본이 하나밖에 없으며 1999년에 국보 303호로 지정되었어요. 현재 서울대학교 규장각 한국학 연구원에 소중하게 보관되어 있답니다.

직필과 기록의 나라

 조선은 기록 문화를 활짝 꽃피운 나라였어요. 1392년, 조선이 건국되던 해부터 많은 역사서를 편찬했고 《승정원일기》처럼 일제에게 강제로 나라를 빼앗겼던 1910년까지도 기록해 나간 기록 유산들이 많았어요.
 2016년까지 세계 기록 유산으로 등재된 우리나라의 13가지 기록물 가운데 8가지가 조선 시대 기록물이라는 사실은 당시의 기록 문화가 그만큼 풍성했다는 뜻이기도 해요. 조선의 기록물이 이제는 세계인이 소중하게 지켜 가야 할 세계 기록 유산으로 인정받고 있으니 조선의 기록 문화가 얼마나 훌륭한지 알 수 있어요. 그런데 조선에서 이렇게 기록 문화가 꽃피울 수 있었던 이유는 무엇이었을까요?
 기록은 역사를 다음 세대에게 전하는 일이에요. 아무리 훌륭한 나라였다고 해도 기록이 남아 있지 않다면 언젠가는 기억에서 사라질 수밖에 없어요. 조선은 올바른 역사를 그대로 전하기 위해 많

은 노력을 기울였어요. 그만큼 기록에 대한 마음가짐이 남달랐다고 할 수 있지요.

조선의 역사를 기록하는 사관에게는 '직필'의 신념이 있었어요. 직필은 어떤 것에도 흔들리지 않고 오로지 사실만을 그대로 적는다는 뜻이에요. 그래서 공개적으로 열람이 가능하며 전례를 찾아볼 수 있는 역사 기록물 《승정원일기》와 전대 왕의 역사적인 사건들과 평가를 내린 역사서 《조선왕조실록》 같은 세계적인 기록 유산이 전해질 수 있었지요. 다음 세대에 올곧은 역사만을 전하겠다는 각오와 의지가 없었다면 우리는 이렇게 생생하고 풍부한 기록 유산과 만나지 못했을지도 몰라요.

조선의 임금 역시 역사를 있는 그대로 기록해 다음 세대에게 물려주어야 한다는 생각을 가지고 있었어요. 열람이 금지된 《조선왕조실록》의 경우 비록 왕이라 할지라도 사관이 적은 기록을 함부로 볼 수 없었지요. 이는 직필의 정신이 훼손되지 않도록 막기 위한 것이었어요. 하지만 역사가 자신을 어떻게 평가했는지 알고 싶은 마음은 왕도 마찬가지였답니다.

《조선왕조실록》을 살펴보면 세종 대왕조차 아버지였던 태종의 기록이 궁금해 실록을 보려고 했던 적이 있었어요.

1431년(세종 13년) 3월 20일, 《세종실록》에는 이런 기록이 있어요. 세종은 신하들에게 편찬이 모두 끝난 《태종실록》을 보겠다는 뜻

〈황희 정승 초상화〉 소신과 원칙을 지키며 조선에서 가장 오랫동안 재상을 지냈다고 알려진 황희 정승.

을 밝혔어요. 그러자 우의정 맹사성이 아뢰었어요.

"이번에 편찬한 실록을 전하께서 고치시는 일이야 있겠습니까. 그러하오나 전하께서 만일 실록을 보신다면 후세의 임금이 반드시 이를 본받아서 고칠 것이며, 사관도 군왕이 볼 것을 의심하여 사실을 반드시 올바르게 다 기록하지 않을 것이니 어찌 후세에 그 진실함을 전할 수 있겠습니까."

세종은 맹사성의 말이 옳다고 여겨 실록을 보려는 것을 그만두었어요. 하지만 미련을 모두 버린 것은 아니었어요.

몇 년이 지난 어느 날, 세종은 또다시 《태종실록》을 보려고 했어

〈세검정도〉 겸재 정선이 그린 〈세검정도〉. 《동국여지비고》에는 실록이 완성된 뒤에는 반드시 세검정에서 세초했다는 내용이 적혀 있다. 세검정은 1941년 화재로 사라졌으나 〈세검정도〉를 바탕으로 1977년에 옛 모습대로 복원하였다.

요. 그러자 이번에도 황희 정승이 같은 이유를 들어 말렸어요. 결국 세종은 실록을 보겠다는 생각을 버려야 했어요. 이처럼 직필을 꺾는 일은 왕조차 해서는 안 되는 것이었어요.

 조선은 임금이 다스리는 왕조 국가였기 때문에 국왕에게는 큰 힘이 있었어요. 언제든 실록을 보려는 왕이 나올 수도 있고 이치에 맞지 않는 그릇된 어명을 내리는 경우도 있었지요. 이것을 막고자 조선은 왕을 견제하는 몇 가지 제도를 만들었어요.

 임금에게 바른말을 바로 아뢸 수 있는 사간원 같은 관청을 두었고 지방의 이름 없는 선비와 유생까지도 언제든 옳은 말을 할 수 있도록 상소를 올리는 길을 열어 주었어요.

  그중에서도 가장 중요한 것이 사초였어요. 사초는 사관이 날마다 일어나는 나랏일을 모두 적어 놓은 비밀스런 기록이었어요. 임금조차 절대로 볼 수 없었고 왕이 죽고 난 후 실록을 편찬할 때 기초 자료로 쓰였어요. 실록이 모두 편찬되고 나면 물로 깨끗이 씻어 내용을 지운 다음 종이만 다시 사용했어요. 임금은 훗날의 역사가 자신을 어떻게 기록할지 알 수 없었기 때문에 바른 정치를 펼치려고 애를 써야 했을 거예요.

  하지만 연산군처럼 끝내 사초를 보고 수많은 신하들을 죽음으로 몰아간 임금도 있었어요. 그런 연산군조차 "내가 두려워하는 것은 역사뿐이다."는 말을 남겼다고 하니 사관이 품었던 직필의 신념을 결코 꺾을 수 없다는 걸 잘 알고 있었던 거예요.

  이처럼 올바른 역사를 전하기 위한 노력은 조선의 기록 문화를 더욱 풍성하게 만들었어요. 앞서 말한 조선 시대의 8가지 세계 기록 유산에는 《승정원일기》와 《조선왕조실록》을 비롯해 《훈민정음(해례본)》, 《동의보감》, 《일성록》, 《난중일기》, 《유교책판》, 《조선 왕조 의궤》가 있어요. 이 기록 유산들은 조선의 기록 문화가 얼마나 다양하고 우수한지를 보여 주는 좋은 예라고 할 수 있답니다.

조선의 기록 문화를 보여 주는 위대한 책들

역사는 현재를 비추는 거울이다. 지나간 역사를 통해 오늘의 일을 되돌아보라는 뜻이다. 조선이 그날의 역사를 다음 세대에게 온전히 전한 까닭은, 지금 우리의 모습을 거울에 비추듯 살피라는 깊은 뜻이 담겨 있는 게 아니었을까? 세계 기록 유산에 등재된 8개의 기록물 외에도 《비변사등록》, 《의정부등록》 같은 회의 기록, 《의금부등록》이나 《포도청등록》 같은 업무 일지, 수많은 인물들이 남긴 문집이나 여행기, 이름 없는 개인의 일기까지 더한다면 조선은 그야말로 기록의 나라라 부를 수 있는 사회였다.

《승정원일기》
조선 왕조에 관한 사실적 기록과 국가 비밀을 담고 있는 방대한 기록이다.

《조선왕조실록》
태조부터 철종까지 472년간의 역사 기록이다. 중요 인물이나 사건에 대한 사관의 날카로운 비평이 더해졌다.

《동의보감》
임진왜란으로 고통받은 백성들을 치료하고자 한 선조와 광해군의 마음을 담아 허준이 집필했다.

《훈민정음(해례본)》
훈민정음을 만든 이유와 원리를 담은 책. 세종 대왕의 애민 정신이 녹아 있다.

2부

승정원과 《승정원일기》를 쓴 사람들

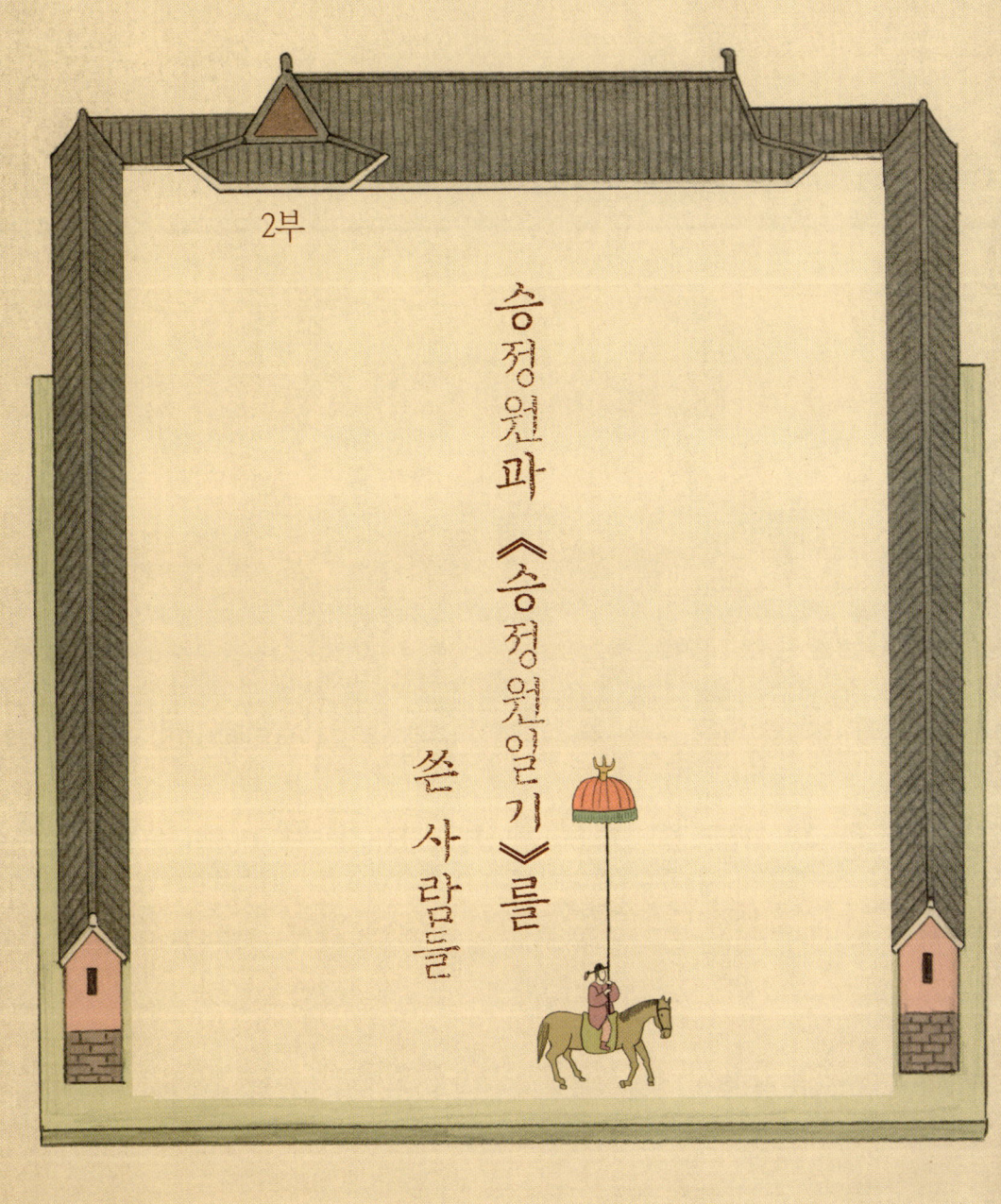

왕과 가장 가까운 곳, 승정원

　승정원은 임금의 명령을 내고 들이는 일을 맡아 하던 곳이에요. 임금과 가장 가까운 자리에서 왕명의 출납을 담당했기 때문에 다른 관청보다 맡은 역할이 아주 크다고 할 수 있어요. 오늘날 대통령 비서실과 비슷한 곳이 바로 승정원이었지요.
　조선의 법전 《경국대전》에도 "승정원은 왕명을 출납하는 일을 맡는다."는 기록이 있을 만큼 왕명의 출납은 승정원에서 가장 중요한 업무였어요.
　왕에게 올라오는 각 관청의 보고서와 지방 유생이 올린 상소문까지도 모두 승정원을 거쳐야만 임금에게 보고될 수 있었어요. 임금이 내린 명령과 문서들 역시 반드시 승정원을 통해야 각 관청과 신하들에게 전달되었지요. 이렇게 임금의 '목구멍과 혀'와 같은 역할을 맡았다고 해서 승정원을 '후원'이라 부르기도 했어요. 승정원의 관리들을 가리켜 '후설(喉舌: 목구멍 후·혀 설)의 직'이라고 했던 것도 같은 의미였지요.

조선의 중앙 정치 조직도

의정부는 재상들이 모여 회의를 하는 곳으로, 국정을 총괄한다. 의정부 아래로 왕과 의정부의 명령을 집행하는 6조를 두었다. 승정원은 왕의 비서실 역할을 했으며, 의금부는 대역 죄인을 다스리던 사법 기관이었다. 사헌부는 관리들을 감찰했고, 사간원은 국왕에게 올바른 소리를 내는 간쟁을 했으며, 홍문관은 왕실의 도서관 및 왕의 자문을 담당했다. 한성부는 수도를 관할했으며, 춘추관은 왕정과 지방 행정을 기록으로 남기고 문서를 관리하는 곳이다. 성균관은 조선 최고의 교육 기관이었다.

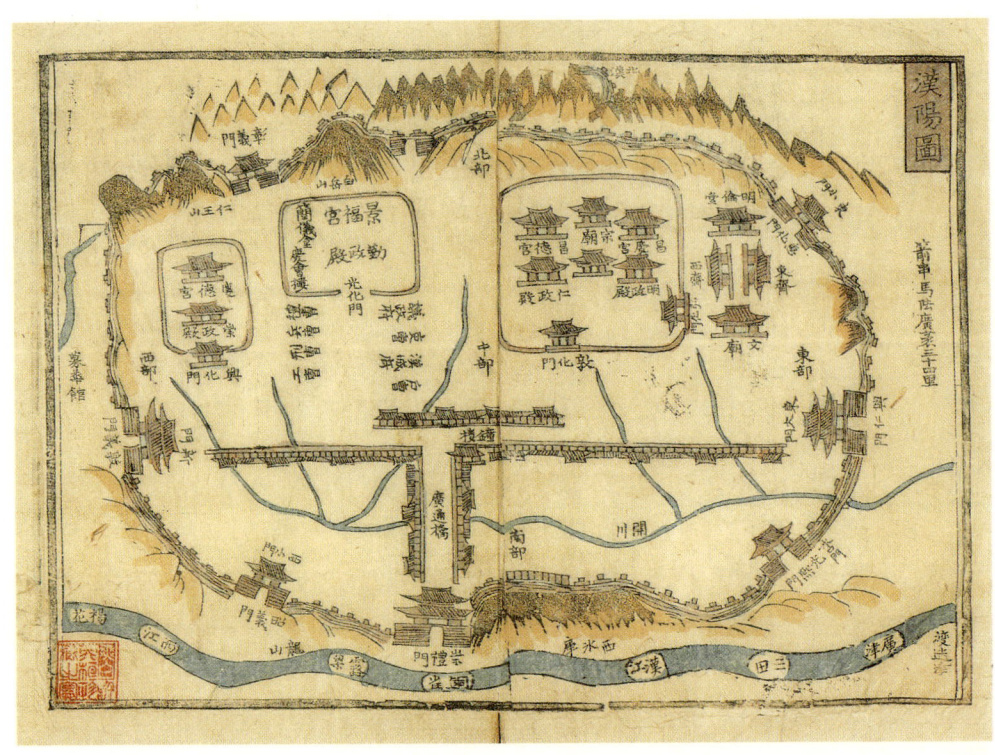

〈한양도〉 〈한양도〉는 1770년 조선 후기의 실학자 위백규가 저술한 《환영지》에 실려 있는 지도로, 간결한 선으로 도성과 도성 내 주요 기관과 거리를 그렸다. 경복궁 앞 6조의 위치가 잘 표시되어 있다.

그러면 승정원은 어디에 있었을까요?

임진왜란이 일어나기 전까지 조선에서 으뜸이 되는 정궁은 경복궁이었어요. 승정원도 경복궁의 근정전 서남쪽에 자리하고 있었지요. 그런데 임진왜란으로 경복궁이 불타면서 창덕궁이 정궁 역할을 하게 되었어요. 임금이 창덕궁에 머무르며 나랏일을 살피자 승정원 역시 이곳으로 옮겨 왔는데 다음 쪽에 실린 〈동궐도〉를 살펴보면 그 위치를 알 수 있어요.

〈동궐도〉에서 가장 큰 전각이 인정전이에요. 인정전 동쪽에 동그라미 친 곳이 바로 승정원이 있던 자리예요. 자세히 보면 '은대(銀臺)'라는 글자가 적혀 있는데 승정원을 부르는 다른 이름이었어요. 은대는 중국 송나라 때 궁궐의 은대문 안에 있던 '은대사'를 가리키는 말이에요. 승정원과 비슷한 업무를 보았던 곳이라 승정원을 '은대'라는 별칭으로도 불렀던 거예요.

승정원에서 북쪽으로 조금 떨어진 곳에 인정전보다 작은 전각이 하나 보이지요? 임금이 평상시에 정사를 돌보며 머무르는 곳을 편전이라 하는데 편전으로 사용하던 선정전이라고 해요. 그림에서 알 수 있듯, 조정 대신들이 임금을 만나기 위해 선정전으로 가려면 반드시 승정원을 지나야만 했어요. 편전으로 가는 길목에 있었으니 과연 임금의 목구멍과 혀라고 부를 만큼 정말 가까운 자리이지요?

조선 시대 관청들이 대부분 궁궐 밖, 광화문 앞 6조 거리에 모여 있었지만 승정원만은 궁궐 안에 있었어요. 임금을 가까이서 모시며 왕명을 받들어야 했기 때문이고, 그만큼 승정원의 업무와 역할이 중요했다는 걸 알 수 있어요. 지금은 승정원이 있던 자리가 빈터로 변해 버려 아쉽게도 〈동궐도〉 속에서만 승정원의 옛 모습을 찾아볼 수 있답니다.

〈동궐도〉로 살펴보는 창덕궁

〈동궐도〉는 1830년대 초의 창덕궁과 창경궁의 모습을 담은 2점 16폭의 그림으로 국보 249호이다. 위에서 내려다본 조감도 형식으로 입체감 있게 그려져 궁전의 곳곳을 들여다볼 수 있다. 승정원은 왕이 조회를 하던 궁전인 인정전 곁에서 쉽게 찾을 수 있다.

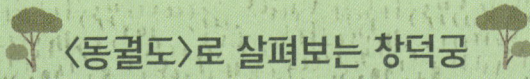

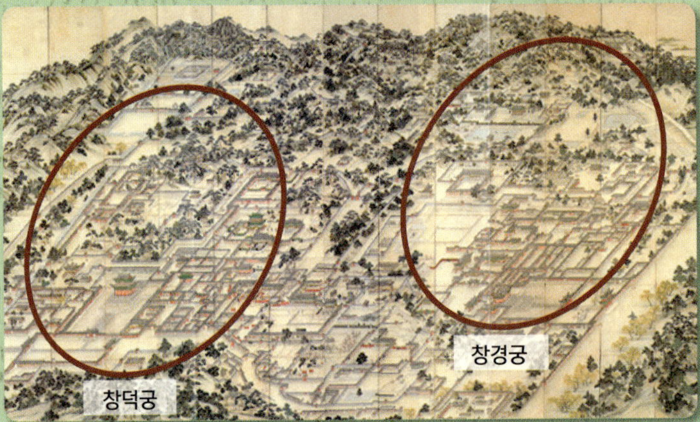

창덕궁
창경궁

〈동궐도〉
경복궁의 동쪽에 위치한 창덕궁과 창경궁을 상세하게 그린 궁중회화. 현재 두 점이 전해진다.

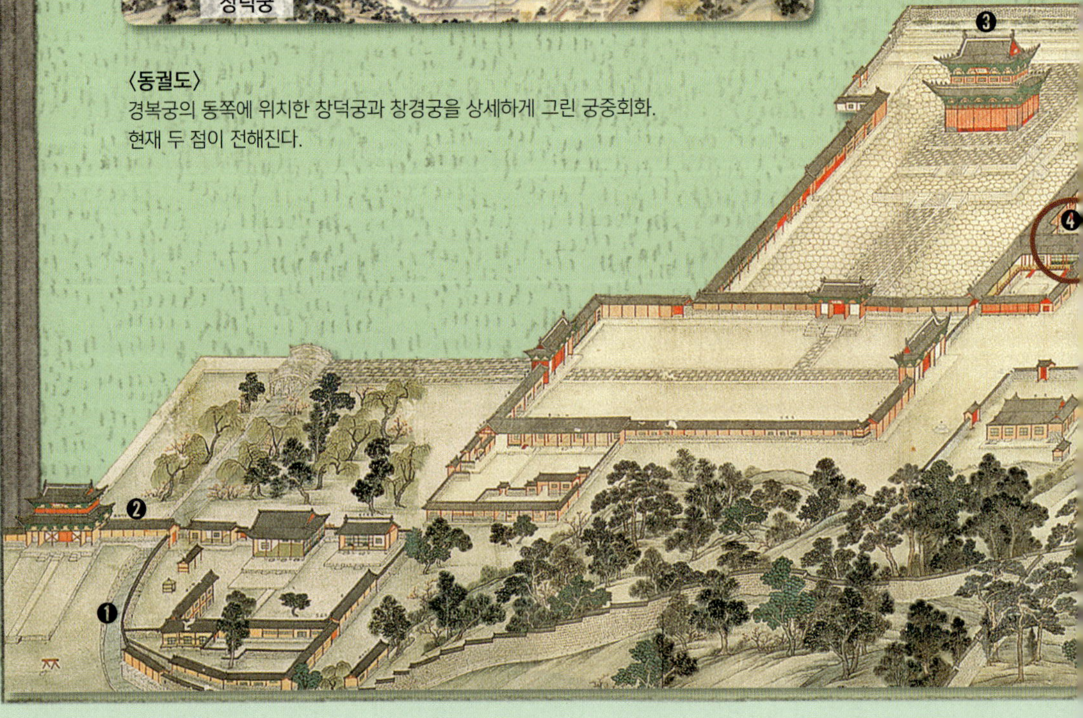

❶ 금천: 궁궐을 배산임수의 명당으로 만들기 위해 만든 물길
❷ 수문장청: 궐의 수비를 맡아본 관청
❸ 인정전: 창덕궁의 법전(정전)
❹ 승정원: 오늘날 대통령 비서실과 같은 관청
❺ 선정전: 왕이 집무를 보던 편전
❻ 경훈각: 명나라 황제의 유품을 보관하던 곳
❼ 대조전: 왕비가 업무를 보던 곳
❽ 희정당: 왕이 신하들과 나랏일을 의논하던 곳
❾ 중희당: 세자궁

이제 승정원의 업무를 알아볼까요?

가장 중요한 일은 왕명의 출납을 담당하는 것이지만, 승정원은 임금의 명을 다시 되돌리는 역할도 하고 있었어요. 이것을 '작환'이라고 해요.

조선은 임금의 명이 곧 법이 되는 왕정제 국가였어요. 임금이 잘못된 명을 내리면 나라가 혼란에 빠져 어지러울 수밖에 없었지요. 왕의 권한이 아주 컸던 만큼 왕을 바로잡고 견제할 수 있는 역할이 반드시 필요했던 거예요.

승정원은 임금이 옳지 않은 명을 내렸을 때, 임금의 명을 적은 문서를 받들 수 없다며 다시 임금에게 되돌려 보낼 수 있었어요.

조정 대신들이나 지방의 유생들도 임금이 내린 부당한 명령을 거두라는 상소를 적극적으로 올렸어요. 그러나 승정원이 왕명을 되돌리는 것은 왕명 자체가 궁궐 밖으로 나가지 못하는 것이라 그 의미가 아주 달랐어요. 잘못된 정책이 실시되기 전에 아예 막는다는 뜻이었거든요.

작환으로 임금이 명을 거두기도 했지만 때로는 왕의 노여움을 사게 되어 파직을 당하거나 유배를 가는 일도 벌어졌다고 하니, 명을 되돌리는 일은 임금을 올바르게 모시겠다는 의지가 꼭 있어야 하는 일이기도 했답니다.

임금의 하루를 일기로 남기는 것도 승정원이 날마다 해야 하는 중요한 업무였어요. 임금은 아침에 기침을 해서 잠자리에 들 때까지 바쁜 하루를 보냈어요. 국왕의 비서실이던 승정원 또한 그림자처럼 임금을 따라다니며 왕이 처리한 업무를 시간과 장소까지 기록해 《승정원일기》로 남겼어요.

임금과 신하가 만나는 자리는 물론, 임금이 참석하는 연회와 사신 접대를 비롯해 각종 의례들을 미리 파악해 문제가 생기지 않도록 준비했고, 해마다 치러지는 제사나 달마다 있는 행사까지 꼼꼼히 살펴야 했어요. 그리고 그날그날 각 관청에서 올라온 다양한 문서와 임금이 내린 어명을 정리하고 신하들과 나눈 이야기까지 빠짐없이 기록해 두었다가 한 달 치를 《승정원일기》로 묶었어요. 훗날 나랏일을 펼칠 때나 실록을 편찬할 때도 기본적인 역사 자료로 쓰이기 때문에 《승정원일기》를 기록하는 일은 매우 중요했어요.

또한 매일 조정의 소식지인 〈조보〉를 만들어 전국에 보내는 것도 꼭 해야 하는 일이었어요.

〈조보〉는 하루 동안 조정에서 일어났던 일들 가운데 중요한 내용을 골라 적어 놓은 아침 신문 같은 것이에요. 전날에 승정원에서 〈조보〉를 작성해 다음 날 전국으로 보냈는데 말이 달리는 역로를 통해 늦어도 열흘에서 보름 안에 먼 지방까지 모두 전달되었다고 해요. 빠른 곳은 그날 받아 볼 수 있었다고 하니 정말

살아 있는 정보를 금방금방 접할 수 있었을 거예요. 임금을 만날 수 없던 지방의 관리나 직급이 낮은 벼슬아치와 이름 없는 유생들까지도 조정에서 일어나는 일을 바로 알 수 있기 때문에 누구나 나랏일에 자신의 의견을 말할 수가 있었지요. 인터넷도 전화도 없던 당시에 이처럼 빠르게 정보를 접할 수 있었다는 건 아주 놀라운 일이에요. 만약 신속하게 전달되는 〈조보〉가 없었다면 먼 지방의 관리들은 조정의 상황을 알지 못해 많은 어려움을 겪어야 했을 거예요. 하지만 〈조보〉를 통해 조정의 정책을 바로바로 살피며 큰 문제 없이 고을을 돌볼 수 있었어요.

   조정의 일이 실리는 만큼 〈조보〉의 내용은 실수가 없어야 했어요. 만일 내보내서는 안 되는 글을 적거나 잘못된 글자를 썼을

때는 담당자가 처벌을 받았어요. 바다 건너 일본 사람들도 돈을 주고 〈조보〉를 구하려고 했을 만큼 〈조보〉는 조선 조정의 상황을 알 수 있는 중요한 정보이기도 했답니다.

한편 임금의 밤을 안전하게 지키는 것도 승정원이 반드시 해야 하는 일이었어요. 초저녁이 되면 임금이 머무는 궁궐의 궐문을 닫았다가 날이 밝을 때 다시 열었어요. 성문은 밤 10시 무렵에 닫았다가 새벽 4시 무렵에 열었는데, 종루에 매단 큰 종을 쳐서 여닫는 시간을 백성들에게도 알렸어요. 새벽 4시 무렵에 서른세 번을 쳐서 알리는 종을 '파루'라 했고 밤 10시 무렵 스물여덟 번을 쳐서 알리는 종을 '인경(인정)'이라고 했어요.

승정원의 관리들은 궁궐의 열쇠와 자물쇠를 책임지고 관리하며 성문을 열고 닫을 때도 하나하나 감독해야 했어요. 또 궐 안에서 밤을 새워 근무하는 사람들과 순찰을 도는 사람들의 이름을 꼼꼼히 기록한 문서를 임금에게 보고해야 했으니, 승정원의 등잔불은 밤이 늦도록 꺼지지 않았을 거예요.

이렇듯 임금의 모든 것을 살펴야 하는 승정원의 업무는 끝이 없었다고 할 수 있어요. 하루도 쉬지 않고 왕명을 받들며 임금의 일거수일투족을 빠짐없이 기록해 나갔지요. 1910년 끝내 일본에게 식민 통치를 당하기 전까지 승정원은 맡은 업무를 소홀히 하지 않았답니다.

모든 나랏일들은 승정원을 통해 임금에게 보고되었다. 승지들은 전달받은 수많은 일들을 임금이 보기 쉽게 간추렸고 거기에 자신의 견해를 보태기도 했다. 승지들은 보통 신시(오후 3~5시)가 되면 퇴근했지만 돌아가면서 두 명씩 짝을 지어 당직을 섰다. 긴급한 일이 생기면 처리할 수 있도록 하기 위함이었다.

'은대학사' 여섯 명의 승지

승정원은 조선 왕조 500여 년 동안 흔들리지 않고 자리를 지켜 왔어요. 왕의 힘이 컸을 때는 당당하게 기세를 떨쳤고 조정 대신들의 힘이 커지면 기세가 한풀 꺾이기도 했지만 오랫동안 변함없이 임금을 보필했지요.

승지는 승정원을 이끌어 나간 주역이었어요. 승정원에는 여섯 명의 승지가 있었는데 지금의 대통령 비서실장과 같은 역할을 했던 도승지가 승지들의 책임자였어요. 대통령 비서실장은 국정을 책임지는 대통령을 곁에서 보좌하며 대통령의 뜻이 잘 전달될 수 있도록 돕는 역할을 하는 자리예요. 도승지도 승정원을 책임지며 나라를 다스리는 임금의 명을 전하는 역할을 맡았어요.

승정원에는 도승지 아래 좌승지, 우승지, 좌부승지, 우부승지, 동부승지가 있었고, 일기를 기록하는 주서와 일을 돕는 하급 관리들이 함께 일을 했어요.

승지는 가장 가까운 곳에서 임금을 보필했기 때문에 관리라면

《사궤장연회도첩》〈내외선온도〉 나라에 공이 많은 70세 이상의 나이 든 대신에게는 임금이 직접 의자와 지팡이인 궤장을 주었다. 궤장을 줄 때는 잔치도 함께 베풀어 주었는데 이 궤장연을 기록한 것이 《사궤장연회도첩》이다. 자색 옷을 입은 당상관들의 모습이 잘 나타나 있다.

누구나 선망하는 관직이었어요. 조정에 중요한 관직이 많았지만 훗날 높은 벼슬에 오르기 위해서는 반드시 거쳐야 하는 자리로 여겨지기도 했지요. 승지를 지냈던 사람 중에는 황희 정승처럼 뛰어난 인물들이 아주 많았지요.

조선 시대 실학자였던 안정복이 지은 《순암집》을 보면 사람들이 승지를 신선처럼 우러러보며 '은대학사'라고 불렀다는 말이 나와요. 승지를 시중드는 하인들까지 은패를 차고 자색 옷을 차

려입고 다니며 스스로를 영광스럽게 여길 정도였다고 하니 승지의 위상이 어떠했는지 짐작할 수 있을 거예요.

이처럼 임금의 명을 받드는 일은 너무나 중요했어요. 그 때문에 실력이 뛰어난 관리라 해도 아무나 승지가 될 수 없었어요. 승지가 될 관리는 신선처럼 깨끗한 인품을 지녀야 했고 임금에게 옳은 것은 아뢰고 잘못된 것은 거부할 수 있는 굳은 마음과 의지가 있어야 했어요.

승지를 정할 때도 반드시 정3품에 해당하는 당상관 중에서 가려 뽑았는데, 당상관은 조정에서 나랏일을 논의할 때 대청에 올라가 의자에 앉을 수 있는 자격이 있는 사람을 가리키는 말이에요. 왕과 같은 자리에 앉을 수 있었으니 그만큼 책임이 크고 어려운 자리였던 거예요.

이렇게 뽑힌 승지들은 어느 관청보다 공정하고 투명하게 나랏일을 해 나갔어요. 밤낮없이 내려오는 왕명을 각 관청에 전달하고 나랏일에 관한 수많은 보고서와 문서들을 정리해 임금에게 올리느라 눈코 뜰 새가 없을 지경이었어요.

나랏일이 모두 승정원을 거치다 보니 업무의 양도 다른 관청보다 월등히 많았어요. 게다가 승정원이 오랫동안 이어져 왔기 때문에 승정원의 업무를 정리해 놓은 지침서도 꼭 필요했고요.

그동안 여러 가지 규정집이 있었지만 내용이 복잡하거나 너무

자세해서 오히려 업무에 참고하는 데 어려움이 컸어요. 1870년 고종 때 편찬한 《은대조례》는 이러한 점을 고쳐 알기 쉽게 정리한 업무 지침서였어요.

《은대조례》에 따르면 승지가 지켜야 하는 업무 지침은 아주 엄격했어요. 지각을 하는 승지는 벌을 받았고 일하는 장소를 마음대로 벗어날 수 없었어요. 자리를 비워야 할 때도 가는 곳을 꼭 알려야 했지요. 매일 밤 승지 두 명이 숙직을 서야 하는 규정이 있었는데, 처음부터 그랬던 것은 아니었어요. 세조 때 어느 승지가 술을 마시고 취해 누워 있다가 갑자기 찾아온 임금이 업무를 묻자 제대로 답을 하지 못했다고 해요. 그 뒤로 두 명이 숙직하는 것으로 바뀌었지요.

근무를 할 때는 한밤중이라도 관복을 벗을 수가 없었고 도승지 앞에서는 아무리 더워도 부채질을 할 수 없다는 규정이 있을 만큼 서열을 엄하게 따지기도 했어요.

또 처음 승지가 된 사람이라면 반드시 거쳐야 하는 '주도'라는 규정이 있었어요. 주도란 신참 승지는 13일 동안 계속 숙직을 서야 한다는 규정이에요. 만일 주도를 지키지 않거나 이 기간 중에 궐내에 있는 금천교를 넘어가면 처음부터 다시 주도를 마쳐야 할 만큼 힘든 규정이었지요.

금천교는 궐 안에 있는 하천을 가로지르는 다리였는데 '하천

금천교 보물 1762호인 창덕궁 금천교는 1411년 태종 11년에 놓은 것으로 조선 궁궐에 남아 있는 다리 가운데 가장 오래되었다.

을 넘지 말라'는 이름의 뜻처럼 궁궐의 안과 밖을 상징적으로 가르는 표현이었어요. 금천교를 넘어갔다면 숙직을 하지 않고 궐을 나간 것으로 여겨 책임을 물었던 것이지요.

　주도에는 새로 온 신참 승지가 승정원 업무에 빨리 익숙해지길 바라는 뜻이 담겨 있었어요. 승정원을 이끌어 가는 승지의 책임이 크다는 걸 다시 한 번 되새기라는 의미도 있었지요. 하지만 까다롭고 엄격한 규정을 지키는 일은 무척 힘들었을 거예요. 더구나 승정원의 업무가 곧 승지의 업무와 같았기 때문에 어느 관청보다 많은 일이 승지들을 기다리고 있었어요.

승지들은 매일 아침 누구보다 일찍 승정원으로 출근해서 임금에게 보고할 문서들을 정리하며 하루 일과를 시작했어요.

그날 임금의 일정을 관리하고 수많은 행사와 크고 작은 회의 등을 미리 살펴야 했어요. 임금이 거둥하는 곳을 따라다니며 임금과 신하가 만나는 자리를 만드는 것도 승지들의 역할이었지요.

매일 아침 편전에서 조회가 끝나면 임금과 신하들이 경전을 읽고 공부하는 경연에도 참석했어요. 경연은 보통 아침, 점심, 저녁으로 하루에 세 차례 열렸는데 공부를 하는 것뿐만 아니라 나랏일에 관한 논의도 함께 이루어졌기 때문에 매우 중요한 자리였어요. 필요한 경우에는 밤에도 '야대'가 열렸는데, 그럴 때면 신시(오후 3~5시)였던 퇴근 시간이 뒤로 미뤄질 수밖에 없었지요.

누구보다 해야 할 일이 많았던 승지들은 각자 맡은 업무 외에 다른 관직을 겸하고 있었어요.

실록을 편찬하는 것도 승지가 하는 중요한 일이기 때문에 역사를 기록하고 편찬하는 춘추관의 관직을 겸했고, 임금의 건강을 돌보며 의복과 음식을 살피기 위해 내의원을 비롯한 여러 관청의 직함도 갖고 있었어요. 또 궐문을 관리하고 형벌을 다루는 일과 관련된 관직도 맡아야 했지요. 다양한 관직을 겸하는 것은 임금의 모든 것을 살펴야 하는 승지들에게는 아주 당연한 일이었어요.

  이처럼 많은 일을 묵묵히 해 나간 승지들은 조선을 떠받치는 든든한 기둥이었어요. 때로는 소신을 꺾지 않고 임금에게 쓴소리를 올렸고 잘못된 어명이라면 당당하게 거부할 수 있었지요. 승지들에게는 임금이 바른 정치를 펼칠 수 있도록 도와야 한다는 굳은 신념이 있었어요. 승지들이 가슴속에 품고 있던 무거운 책임감이야말로 보이지 않는 곳에서 조선을 이끌어 나간 커다란 힘이었답니다.

왕의 숨결까지 기록한 주서

임금 곁에는 항상 주서가 있었어요. 임금을 그림자처럼 따라다니며 나랏일을 모두 기록할 수 있던 사람은 오직 사관과 주서뿐이었어요.

처음에는 주서가 두 명이었지만 후에 사변가주서 한 명이 추가되어 세 명의 주서가 승정원에서 일을 했어요. 주서 자리가 빌 경우에는 임시로 가주서를 임명해 일을 대신해 나갔어요.

승정원의 업무를 보며 《승정원일기》를 기록한 사람들이 바로 주서였어요. 주서는 승지를 도와 승정원으로 들어온 모든 문서들을 정리하고 임금의 말과 국정의 모든 일을 사실 그대로 기록했어요.

조선의 역사를 기록하는 주서는 막중한 책임감이 따르는 자리였어요. 그러나 주서의 직급은 정7품으로 낮은 편이었지요. 지위가 낮았기 때문에 주서가 실수를 하거나 일을 잘못하면 다른 부서의 관리들이 쉽게 책임을 물었어요. 심각한 질병이 아니라면 마음대로 궐을 나갈 수도 없었고 병이 있어도 반드시 교대를 한 뒤에야 나갈 수 있을 만큼 힘든 자리이기도 했어요.

업무가 얼마나 고되었는지, 실력 있는 젊은 관리들이 주서가 되기를 피하고 이미 주서가 된 이들도 아프다는 핑계로 그만두려 한다는 말이 나돌 정도였다고 해요. 보통 주서는 15개월 동안 일을 해야 했지만 기간을 모두 채우는 사람이 거의 없고 심할 때는 열흘이 되기 전에 그만두려는 주서들도 있었어요. 대부분 3개월이 되면 자리를 옮겨 가는 게 보통이었지요.

이렇게 책임감이 크고 힘든 자리였던 만큼 주서는 높은 관직으로 올라가는 출발점이기도 했어요. 장래에 승지가 될 인재로 여겼기 때문에 주서는 누구보다 빠른 승진의 기회가 있었어요.

하지만 주서가 될 수 있는 사람은 반드시 문과를 급제한 인재여야 했어요. 그중에서도 젊고 실력 있는 사람만을 골랐는데, 정치와 당파에 물들지 않고 오로지 사실을 있는 그대로 기록할 수 있는 청렴하고 강직한 사람이어야 했기 때문이에요.

또한 주서의 가장 중요한 임무가 기록하는 일이라 문장력이 뛰어나고 빠르게 글을 쓰는 능력도 반드시 갖추어야 했어요.

주서는 임금과 신하가 주고받는 말을 곧바로 한문으로 옮겨 적었어요. 우리말로 그대로 옮겨 적기도 힘든데 한문으로 받아 적어야 했으니 보통 어려운 일이 아니었겠지요?

더구나 대화가 오가는 중간에 누군가 끼어들 때도 있고, 이쪽저쪽에서 동시에 말하면 목소리를 놓칠 때도 있죠. 임금이 한 말을 듣지 못했다고 그 자리에서 다시 물을 수도 없었고요.

임금의 기침 소리와 모기처럼 작은 신하들의 목소리까지 놓치지 않으려고 귀를 쫑긋 세운 주서의 모습을 상상해 보면 맡은 일이 얼마나 고됐을지 짐작할 수 있을 거예요. 하지만 주서에게도 나름의 방법이 있었어요.

주서는 속기록이라고 할 수 있는 '초책'을 항상 가지고 다녔어요. 초책에 자기만 알아볼 수 있는 흘린 글씨로 빠르게 적은 다음, 공식 업무가 끝나면 이것을 정리해 《승정원일기》로 작성했어요. 그래도 다 받아 적지 못했을 때는 기억을 더듬거나 동료의 초책과 사관이 기록한 것을 비교해 내용을 확인해야 했어요.

일기를 기록하는 일과 함께 승지를 돕는 것 역시 주서의 몫이었어요. 이른 아침, 주서는 승지가 출근하기 전에 미리 회의를 준비하고 승지들과 함께 임금에게 보고할 문서와 나랏일을 꼼꼼하게 정리했어요.

회의가 끝나면 승지와 더불어 곧장 편전으로 들어갔어요. 이때는 보통 두 명의 사관도 참석했는데 사관이 기록한 사초는 나중에 실록의 기초가 되었고 주서가 적은 초책은 《승정원일기》를 기록하는 중요한 자료로 쓰였어요.

각 관청에서 올라온 문서와 보고서를 올리고 임금이 내린 명을 하나하나 기록하다 보면 어느새 훌쩍 점심 무렵이었어요.

경연이 시작되면 주서의 업무는 더 많아졌어요. 다행히 하루에 세 번 모두 열리는 일은 드물었지만 경연이 열리면 반드시 참석해서 부지런히 붓을 들어야 했어요. 경연은 때때로 임금이 목청을 높이고 신하들이 뜻을 굽히지 않아 격렬한 토론장으로 변하곤 했어요. 이것을 그대로 받아 적어야 하는 주서들은 아주 고역이었을 거예요.

경연이 끝나도 주서들은 쉴 수가 없었어요. 초책에 써 놓은 기록을 정리해야 했고 업무 처리 중에 오간 문서와 임금이 내린 답이나 문서들의 내용까지 모두 기록해야 했어요.

임금이 일정에 없던 야대를 열겠다는 명을 갑자기 내리기라도 하면 퇴근을 할 수도 없었어요. 야대는 궐문이 닫힌 후에 열리는 경연이에요. 야대가 없어도 주서는 매일 상번과 하번으로 나누어 교대로 숙직을 해야 했어요.

이렇게 업무가 많다 보니 모든 일을 주서가 맡아서 할 수는 없었어요. 승지의 업무도 많았기 때문에 승정원에는 승지와 주서를 돕는 하급 관리들이 있었어요. 대체로 서리 25명과 사령 35명이 부지런히 움직이며 일을 거들었어요.

서리는 기록할 것이 많은 주서들의 문서 작성을 돕고 온갖 종이로 넘쳐 나던 승정원의 문서들을 정리했어요. 사령은 관리들에게 임금의 명을 전하는 임무를 맡아 했어요. 조선 시대에는 밤 10시 무렵부터 다음 날 새벽 4시 무렵까지 함부로 밖을 돌아다닐 수 없는 통행금지가 있었는데 사령들은 예외였어요. 임금의 명은 밤낮이 따로 없어서 언제라도 달려가야 했기 때문이에요. 승지와 주서만큼 정신없던 서리와 사령의 일도 새벽까지 이어질 때가 많았다고 해요.

아마도 밤이 깊어 갈수록 승정원의 등불은 더욱 밝게 타 들어 갔을 거예요. 288년의 《승정원일기》 속에는 승정원을 지켰던 수많은 사람들의 노력과 주서들이 흘린 땀방울이 고스란히 스며 있답니다.

《승정원일기》의 구성

《승정원일기》는 일정한 형식을 갖추고 있다. 꼭 기록해야 하는 내용도 있고 내용을 적는 순서도 대략 정해져 있다. 《승정원일기》를 펼쳐 보면 일기가 어떻게 구성되어 있는지 한눈에 알 수 있다.

영조 1년 1월 17일 일기 원본

❸ 임금이 있었던 장소
임금이 창덕궁이나 경운궁처럼 다른 궁궐에 머물거나 먼 곳으로 행차를 나갔을 때도 그 장소를 꼭 기록했다.

❹ 국왕과 왕비, 대비와 세자의 문안을 하고 건강을 진찰한 기록

❺ 임금이 하루 동안 살핀 나랏일
각 관청에서 올라온 문서와 임금이 처리한 내용이 실려 있고 상소와 나랏일에 관한 모든 상황이 담겨 있다. 일기 중에서 분량이 가장 많고 중요한 부분이다.

❶ 《승정원일기》의 첫 줄: 날짜와 날씨
날짜를 풀어 보면 1725년(영조 1년) 1월 17일의 일기이다. 날짜 끝자리에 맑은 날을 뜻하는 '청(晴)'이라는 글자가 적혀 있다.
날씨 기록하는 방식이 100여 가지가 넘을 만큼 다채롭다. '아침에는 맑고 저녁에는 비가 옴', '잠깐 눈이 오다가 잠깐 맑음'처럼 날씨가 변하는 모양에 따라 자세하게 기록했다. 햇무리와 달무리가 생기거나 혜성이 나타나면 매일 천문 현상을 관찰하는 관상감에서 임금에게 보고를 했다. 이렇게 288년 동안의 날씨와 천문 현상을 빠짐없이 기록해 나갔다.

❷ '좌목'이라 불리는 부분
승정원 업무를 맡았던 승지와 주서의 이름이 적혀 있다. 승정원 관리들의 이름과 출근 상황을 한눈에 알 수 있다. 출근 기록 중에는 누가 당직을 하고 출장을 갔는지, 휴가(식가)를 가고 병가(병)를 내거나 지각(미숙배)을 했는지에 관한 내용까지 상세히 기록해 놓았다.

3부

《승정원일기》에 담긴 이야기

1724년(영조 즉위년) 9월 17일
1770년(영조 46년) 5월 1일

그날의 날씨는?

아침부터 영조 임금의 얼굴에 근심이 가득했어요. 지난밤 천둥이 우르릉거리더니 번개가 하늘을 가르며 번쩍거렸어요. 늦가을 갑자기 기상 이변이 나타난 것이었어요.

아침 날씨는 맑았지만 영조의 마음은 편치 않았어요. 아니나 다를까 승정원의 승지들이 들어와 영조에게 아뢰었어요.

"어젯밤에 천둥 번개의 이변이 발생하였습니다. 신들이 밤새 잠을 이루지 못하고 곰곰이 생각해 보았으나 괴이한 일이 일어난 이유를 알지 못하겠습니다. 혹시 전하께서 잘못된 정치를 펼치기 전에 먼저 반성하는 기회를 가지라고, 나라가 위태로워지기 전에 보호하려는 뜻으로 하늘이 미리 경고한 것이 아니겠습니까. 전하께서는 마땅히 두려워하며 자신을 돌아보시어 기상 이변이 생긴 이유를 찾으신 다음에 더욱 경계하고 살피소서."

느닷없이 찾아온 기상 이변을 두고 임금 스스로가 반성하며 돌아보기를 청한 것이었어요.

〈영조 어진〉
1900년에 제작된 영조의 초상화. 보물 932호.

"덕이 없는 내가 임금의 자리에 있으니 아침저녁으로 경계하고 조심하였다. 그런데도 지난밤 갑자기 천둥 번개가 치니 두렵고 걱정스러울 뿐이다. 하늘에 기상 이변이 나타난 것을 보고도 자신을 돌이켜 스스로 반성하지 않는다면 어찌 임금이라 하겠는가. 밥을 먹고 쉬는 것조차 편치 않다. 경들은 부디 정성을 다해 부족한 나를 힘껏 도와주기 바란다."

영조는 무거운 마음으로 승정원의 뜻을 받아들였어요.

영조의 근심이 더해 가던 그날은 1724년(영조 즉위년) 9월 17일이었어요. 《승정원일기》를 보면 영조가 얼마나 기상 이변을 걱정했는지 알 수 있답니다.

참으로 이상하지요? 기상 이변이 영조 때문에 일어난 것이 아니잖아요. 그런데 왜 승지들은 임금이 반성해야 한다고 말했던 걸까요? 그 말을 영조가 그대로 받아들인 까닭은 또 무엇 때문일까요?

조선은 하늘에 생기는 천재지변까지도 임금이 부족한 탓으로 받아들이던 나라였어요. 하늘을 살피는 것이 곧 백성을 살피는 일이었기 때문에 하늘의 이변을 백성의 어지러운 마음이라 여겼던 거예요.

만일 날씨가 좋지 않거나 기상 이변이 발생하면 임금은 나랏일에 잘못은 없는지, 억울한 일을 당한 백성들이 없는지 살피고 반성했어요. 지독한 가뭄이 들면 임금이 직접 하늘에 비를 내려 달라고 기우제를 올렸고 홍수가 나면 기청제를 올려 날씨가 맑아지기를 빌었어요. 흉년으로 백성들이 굶주릴 때는 반찬의 가짓수를 줄이거나 수라상을 물리며 검소하게 생활했지요. 이렇게 조선의 임금은 그날의 날씨를 잘 살펴 하늘의 뜻을 거스르지 않는 정치를 펼치려고 애를 썼어요.

조선은 농업을 근본으로 하는 나라였기 때문에 농사를 짓는

춘당대에서 기우제를 올려라!
1544년 5월 모내기 철을 앞두고 가뭄이 심했다. 중종은 춘당대에서 기우제를 지낼 것을 명령한다(《중종실록》 103권). 창덕궁 영화당 앞마당 춘당대는 과거 시험과 활쏘기, 종친이나 군신 간의 회식 잔치를 연 곳이다.

백성의 근심을 덜어 주는 것도 임금이 마땅히 해야 할 일이었어요. 날씨와 기상 이변만큼 비를 예측하고 강우량을 정확하게 측정하는 일 또한 무척 중요했지요. 강우량을 정확히 잴 수 있다면 농사지을 시기를 예측하고 홍수와 가뭄 같은 재난으로 생기는 백성들의 피해를 예방할 수 있으니까요.

하지만 조선 초기에는 비가 내린 양을 측정하는 방법이 마땅치 않았어요. 비가 그치고 나면 땅을 파서 빗물이 스며들어 간

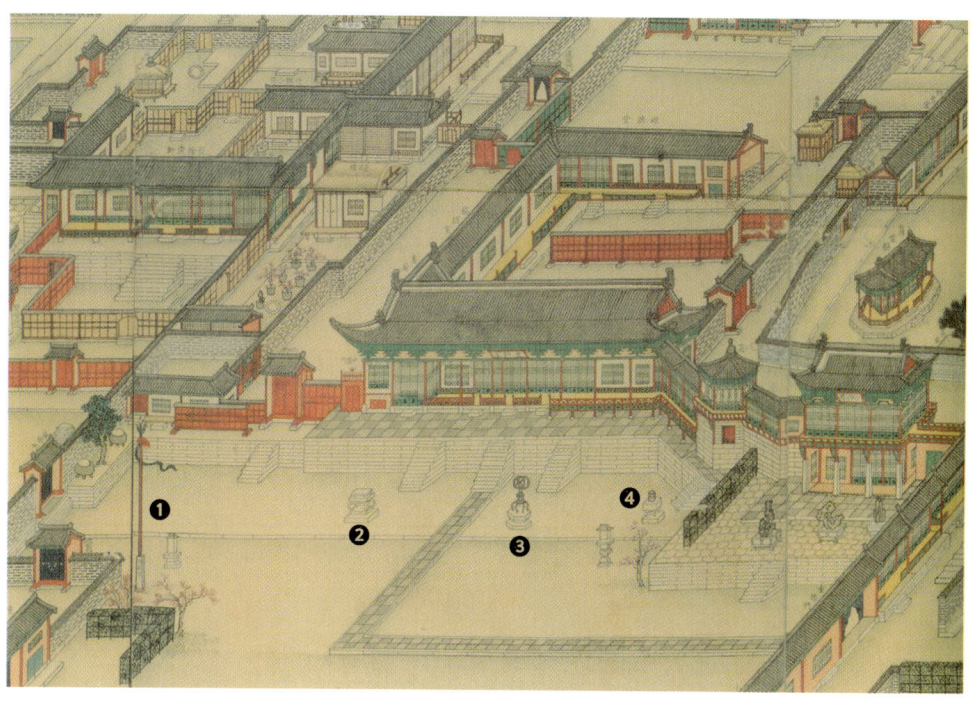

창덕궁 중희당
맨 왼쪽에 바람의 방향과 세기를 살필 수 있는 풍기대(❶)가 있고, 그다음 오른쪽으로 평면 해시계(❷·시침은 안 그려져 있음), 교육용 관측 기기로 추정되는 소간의(❸), 측우기(❹)가 있다.

깊이를 측정해 강우량을 알아보았지만 쉽지 않은 일이었어요.
 비가 내리기 전 땅의 상태가 저마다 달랐고 빗물이 들어간 깊이도 제각각이었어요. 그러다 보니 조정으로 올라오는 보고가 모두 다를 수밖에 없었어요. 정확한 측정이 어려워 농사에 아무런 도움을 주지 못했지요.
 이런 어려움을 해결하고 강우량을 쉽게 측정하기 위해 발명된 것이 바로 측우기였어요. 측우기에는 과학적인 원리가 들어 있어요. 비가 올 때 큰 항아리나 작은 항아리에 고이는 빗물의 높이는 똑같아요. 그릇의 크기와 상관없이 자로 재는 빗물의 높이는 일정하다는 걸 알아냈던 거예요.

1441년 세종 대왕 때 발명된 측우기는 강우량을 측정하는 방법까지 정해져 있었어요. 비가 그치고 나면 강우량을 측성했고, 물의 깊이를 잴 때는 '주척'이라는 조선 시대의 자를 이용했어요. 비가 내리고 갠 시간도 반드시 기록해야 했는데, 이렇게 측정한 강우량은 지금과 비교해도 차이가 거의 없을 만큼 아주 정확하다고 해요.

세종 때부터 측우기를 이용해 강우량을 재는 일은 150여 년 동안 잘 시행되었어요. 하지만 임진왜란으로 큰 혼란이 계속되면서 측우기가 망가지거나 사라지는 바람에 약 180년 동안 강우량을 제대로 측정하지 못했어요.

이렇게 잊힌 측우기가 역사에 다시 등장한 것은 영조 때였어요. 1770년(영조 46년) 5월 1일의 《승정원일기》를 보면 그동안 거의 논의되지 않았던 측우기 이야기를 영조가 먼저 꺼냈다는 걸 알 수 있어요.

영조는 나라와 백성을 위해 측우기가 꼭 필요하다고 생각했어요. 측우기에 관한 이야기를 들으면 자기도 모르게 벌떡 일어나 앉을 만큼 관심도 아주 많았지요.

영조는 측우기를 만들어 창덕궁과 경희궁에 설치하라고 명했어요. 5월 3일에도 다시 명을 내려 신하들을 재촉했어요.

"이번에 다시 만드는 측우기는 예전 실록을 잘 살펴 돌로 받침대를 세우도록 하라. 측우기가 만들어지면 창덕궁과 경희궁과 관상감에 놓을 것이며, 모두 돌 받침대를 만들어 그 위에 놓을 수 있도록 하라. 받침대 위에는 둥글게 구멍을 내서 측우기가 떨어지지 않게 하고 필요할 때는 수시로 뽑을 수 있도록 설치하라."

튼튼한 측우대는 측우기가 움직이지 않도록 받쳐 주는 역할을 했을 뿐만 아니라 일정한 높이가 있어 바닥에서 튄 빗물이 측우기 안으로 들어가는 것을 막아 주었어요. 만약 빗물이 튀어 들어간다면 강우량을 정확히 잴 수가 없거든요.

영조의 관심으로 측우기는 며칠 만에 다시 만들어졌어요. 그 뒤로 비가 내릴 때면 관상감에서 강우량을 측정해 빠짐없이 기록해 나갔어요. 이때부터 140여 년 동안 《승정원일기》에 기록해 놓은 강우량은 세계에서 유례를 찾아볼 수 없는 가장 오래된 관측 기록이에요.

이렇게 되살아난 측우기는 임금의 근심을 좌지우지하기도 했어요. 영조는 경상도 지역에 심한 가뭄이 들었다는 보고를 받고 수라상을 물렸던 적이 있어요. 걱정으로 애를 태우다 측우기의 강우량이 마른 땅을 적실 만큼 충분하다는 보고를 듣고서야 수

라상을 받았다고 하니, 측우기를 다시 만들었던 의미를 조금은 알 수 있을 거예요.

하지만 안타깝게도 조선 시대에 만들어진 측우기 중에 지금 남아 있는 것은 1837년 헌종 때 제작된 금영측우기뿐이에요.

각 지방과 관상감 등에 있던 많은 측우기들이 일제 강점기와 한국 전쟁을 겪으며 모두 사라지고 공주 감영 앞뜰에 있던 측우기 하나만 오늘날까지 전해져요. 공주 감영에 있었다고 해서 금영측우기라는 이름이 붙었는데 지금은 기상청에 보관되어 있어요.

《승정원일기》가 우리에게 물려준 288년 동안의 날씨와 140여 년 동안의 강우량 기록은 정말 특별한 가치를 가지고 있어요. 우리나라의 기상 변화를 예측할 수 있는 소중한 자료일 뿐만 아니라 세계의 기상과 천문 현상을 연구하는 데도 없어서는 안 될 귀중한 보물이지요.

| 1726년(영조 2년) 4월 19일 | 밤사이 전하의
건강은 어떠하십니까?  |

　내의원에서는 5일마다 정기적으로 임금의 건강을 살폈어요. 승정원의 업무 지침을 적어 놓은 《은대조례》에도 매달 여섯 차례씩 약방에서 입진을 한다는 기록이 있어요.

　약방은 임금과 궁중의 치료를 맡았던 내의원의 별칭이에요. 내의원에서 임금을 진찰하러 들어가는 것을 '약방 입진'이라고 해요.

　임금의 건강이 나라의 안녕과 바로 연결되었던 조선에서 약방 입진은 매우 중요한 일이었어요. 그렇기 때문에 정기적인 입진뿐 아니라 날씨가 갑작스럽게 변하거나 나라에 큰 행사가 있을 때면 수시로 진찰을 했어요.

　1726년(영조 2년) 4월 19일도 약방 입진이 있던 날이었어요. 이 날, 진시(오전 7~9시)에 약방의 관리들이 창덕궁 진수당으로 들어갔어요. 의관들과 함께 입진한 약방의 도제조 민진원이 임금의 건강을 물었어요.

창덕궁 진수당

　도제조는 정승이나 명망이 높은 관리가 맡았던 명예직이었는데, 그 밑에 제조와 부제조를 거느리고 중요한 문제에 대한 자문 역할을 담당하며 업무를 지휘했어요. 도제조와 제조와 부제조는 내의원뿐만 아니라 여러 관청에도 있었어요. 내의원의 경우, 승정원의 승지가 부제조를 겸직하며 도제조를 도왔고 의관과는 관련이 없는 내의원의 실무적인 일을 맡아보았어요.

　일기에는 임금과 신하가 대화를 나눌 때마다 '임금이 이르기를'이나 '신하가 아뢰기를'처럼 쓰여 있는데 다음 글은 그날의 일을 알기 쉽게 풀어 놓은 거예요.

민진원 어제저녁에 의관이 '전하께서는 머리가 아프고 열이 오르고 팔다리의 마디가 불편하십니다.'라고 전하였습니다. 이는 필시 감기가 낫지 않아서 그러한 것이니 대단히 염려됩니다. 오늘은 차도가 있다고 말씀하셨지만, 아침이 지나면 혹 차도가 있다가도 날이 저물고 난 뒤에는 분늑 더해지곤 하셨으니, 오늘노 마땅히 날이 저문 뒤까지 살펴보아야 알 수 있겠습니다.

영조 사시사철 감기에 걸리는데 근래에는 더욱 잦고 매우 오래간다. 지금의 증세 또한 감기이다. 어제는 밥을 먹은 뒤 두통이 더하였다. 해가 질 무렵에는 팔다리가 동여맨 듯 아프다가, 밤과 아침 사이에는 매번 차도가 있는 듯하다. 오늘 증세도 어제 아침과 같은데 오후에 다시 살펴보아야 더한지 덜한지를 알 수 있겠다.

민진원 팔다리의 통증 때문에 걷는 데 지장이 있지는 않으십니까?

영조 크게 지장이 있는지는 모르겠다.

민진원 배 속의 통증이 발작할 조짐은 없으십니까?

영조 그 통증은 늘 있어 왔다. 지금은 가슴에 가래가 끓는 증세가 있는데 뱉어도 쉽사리 나오지 않으니 이것이 더욱 근심스럽다.

민진원 가래는 반드시 감기를 끼고서 문제를 일으키니 그러합니다. 이 때문에 숨 쉬기가 불편하십니까?

영조 숨 쉬는 것은 불편하지 않다.

민진원 어제 지어 올린 탕약은 드셨습니까?

영조 어제 한 첩을 먹고 저녁에 땀이 났기 때문인지 다소 나아진 듯하다.

민진원 전하께서 몸조리를 하시는 일에 매번 소홀하다는 탄식이 있습니다. 환후가 이와 같은 때에 대왕대비와 왕대비께 문안을 계속 하시니 어찌 덧날 우려가 없겠습니까. 옥체를 잘 돌보시는 것이 바로 효도입니다. 문안 여쭙기를 잠시 쉰다고 해서 어찌 효도하지 않는다고 하겠습니까. 증세가 나타날 때는 처리할 문서가 있더라도 우선 물리치고, 정신과 기운이 조금 안정되기를 기다리셔야 합니다. 질병을 무릅쓰고 번거로운 사무를 보려 하시니 어찌 염려되지 않겠습니까.

영조 아침과 낮 사이에는 기운이 조금 나는 듯하니 어찌 두 분을 찾아가 안부 여쭙는 것을 그만둘 수 있겠는가. 증상이 있고 어지러울 때 눈을 감고 안정을 취하면 잠깐이나마 꽤 효험이 있다.

민진원 대소변은 어떠하십니까?

영조 소변의 빛깔이 붉은데 오늘 아침은 어제보다 더 붉었다.

민진원 안질(눈병)은 변화가 있으십니까?

영조 어제 머리가 아플 때 안질이 더 심했다. 지금은 조금 줄어들었으나 그다지 큰 차도는 없다.

민진원 수라를 드시기 힘들면 물에 말아 드시거나 국에 만 탕반을

드십니까?

영조 평소에 탕반을 싫어하니 물에 말아서 먹는다.

영조와 도제조 민진원이 나누는 대화가 마치 옆에서 듣고 있는 것처럼 생생하게 느껴지지요?

의사와 환자 사이에 병의 증상을 묻고 답하는 것을 '문진'이라고 하는데, 지금도 환자를 진찰할 때 빼놓아서는 안 되는 과정이에요. 대화만으로도 도제조가 얼마나 세심하게 증상을 묻고 영조가 병증에 대해 자세히 답했는지 금방 알 수 있어요.

이렇게 문진이 계속되는 동안 의관들이 차례로 나와 영조의 맥을 짚었어요. 진맥을 마친 의관들은 영조에게 진찰 결과를 아뢰고 뒤로 물러났어요.

민진원 신들이 다시 의관들과 논의하여 전하께서 계속 드실 약을 처방해 아뢰겠나이다. 병의 증세가 이처럼 오래도록 낫지 않고 있으니, 삼가 바라건대 가벼운 감기라고 해서 소홀히 하지 마시고 반드시 몸을 조리하고 보양하시는 방도를 다하소서.

약방 입진이 모두 끝난 후에 도제조는 영조에게 몸조리를 잘하도록 다시 당부했어요. 대왕대비와 왕대비의 문안을 잠시 멈

추라고 했을 만큼 잘 낫지 않는 영조의 증세를 걱정했던 거예요.

영조는 어려서부터 몸이 허약했던 임금이에요. 조금만 찬 음식을 먹어도 자주 배탈이 났고 복통 때문에 용변을 보는 것도 힘들 정도였어요. 그래서 조선의 어느 왕보다 각별하게 자신의 건강을 살폈지요.

《승정원일기》를 보면 영조가 건강을 위해 채식 위주의 식사를 하거나 일생 동안 사치를 멀리하며 소박하게 생활했다는 것을 알 수 있어요. 52년의 재위 기간 동안 7000번이 넘는 입진을 받았다는 기록도 찾아볼 수 있어요. 46년 동안 나라를 다스렸던 숙종의 입진 기록이 800여 회였다는 것과 비교해 보면 얼마나 많은 횟수인지 금방 알 수 있을 거예요.

영조는 약방에서 내린 진찰 결과에 따라 다양한 약을 처방받았어요. 그때그때 증상에 따라 의관들이 여러 가지 의견을 말했고 가장 알맞은 약 처방이 내려졌지요.

임금의 병을 문진하고 처방을 내렸던 약방 입진 기록들은 그 당시 조선의 최고 의관들이 써 내려간 수준 높은 한의학 보고서였어요. 그날의 진찰 과정을 생생하게 느낄 수 있을 뿐 아니라 오늘날에도 한의학을 연구하는 데 꼭 필요한 소중한 역사 자료라고 할 수 있답니다.

| 1734년(영조 10년) 1월 28일
1762년(영조 38년) 9월 9일
1791년(정조 15년) 11월 21일 | 백성을 두루 살피다  |

조선의 임금은 덕으로 나라와 백성을 다스려 나갔어요. 임금이 어질지 못하면 나라를 어려움에 빠뜨리고 백성이 고통받는다고 생각했지요. 임금은 마땅히 백성을 하늘처럼 귀하게 여기며 부모의 마음으로 아픈 곳을 살피고 또 살펴야 했던 거예요.

《승정원일기》 속에는 어진 마음으로 백성을 걱정했던 임금들의 이야기가 수없이 기록되어 있어요. 여러 임금 중에서도 영조와 정조는 누구보다 백성들의 어려움에 귀를 기울이고자 했던 왕이었어요.

일기에는 영조와 정조 대에 '격쟁'을 했다는 기록이 아주 많아요. 격쟁은 임금이 행차할 때 길거리에서 징이나 꽹과리를 울리며 억울함을 호소하는 제도였어요. 상소를 올리기 힘든 일반 백성들까지도 임금에게 직접 억울함을 호소할 수가 있었던 거예요. 격쟁이 많았다는 것은 그만큼 임금이 백성들의 어려움을 외면하지 않았다는 의미이지요.

그렇지만 훌륭한 제도가 있어도 임금에게 백성을 아끼고자 하는 마음이 없다면 소용없는 일이에요. 진심에서 우러나오는 마음이 아니라면 백성을 아낀다는 임금의 말도 한낱 겉치레에 지나지 않을 테니까요.

영조와 정조는 어떤 마음을 가지고 있었을까요? 《승정원일기》에 실려 있는 영조와 정조의 마음을 살짝 들여다볼까요?

1734년(영조 10년) 1월 28일, 한겨울 추위가 서서히 물러가고 봄기운이 움트던 날이었어요. 영조는 창덕궁 희정당에서 신하들과 만나고 있었어요. 영조가 신하들과 함께 잠시 일어났을 때 어디선가 날아든 까치 한 마리가 자리에 놓여 있던 털방석 하나를 쪼기 시작했어요. 방석의 털을 모아 제 둥지를 따뜻하게 만들려고 했던 거예요. 영조는 부지런히 털을 쪼아서 날아가는 까치를 바라보다가 신하들에게 말했어요.

"작은 까치도 자기가 살기 위해 이곳까지 날아와 필요한 것을 쪼아 가는데 백성들이야말로 살기 위해 얼마나 애를 쓰겠느냐."

까치를 보며 영조는 백성들을 생각했어요.

"한낱 미물인 까치를 보시고 그 생각이 백성까지 미치니 전하께서 그 마음을 더욱 넓히시면 백성에게 참으로 복된 일이 될 것입니다."

신하들도 영조에게 아뢰었지요. 그 말이 옳다고 여긴 영조는 승지에게 전교를 내렸어요. 전교는 임금의 말을 문서로 받아 적어 해당 관청으로 내려보내는 왕명이에요.

지금 이렇게 봄기운이 가득한데 오직 나의 백성들만 걱정과 근심 속에 놓여 있구나. 이런 생각이 드니 어찌 내가 편한 마음으로 쉴 수가 있겠는가. 옛 성인들은 버드나무 가지를 꺾는 것을 보면 그렇게 하지 말도록 일렀고, 죽음을 앞둔 소가 두려움에 떠는 것을 보면 착한 마음이 싹텄다 하였는데, 날아든 까치를 보니 그 뜻을 알겠구나. 미물도 필요한 물건을 찾아 둥지를 틀 줄 아는데, 불쌍한 나의 백성들은 입지도 먹지도 못하고 의지할 데도 없이 길바닥에 잇따라 쓰러져 있구나. 지금 급한 것은 마땅히 농사를 권하는 일이니, 백성들을 수고롭게 만드는 일을 없애고 편히 농사를 지으며 살 수 있게 하라. 또한 어려운 백성들이 있다면 직접 찾아가 어려움을 묻고 보살피도록 하라.

영조는 보살펴야 할 백성들이 가난과 굶주림으로 괴로워하는 것을 생각하니 가슴이 아팠어요. 작은 까치를 보며 고달프게 살아가야 하는 백성들을 진심으로 염려했던 것이에요.

영조의 손자였던 정조도 백성들의 어려움을 그냥 지나치지 않았어요. 1791년(정조 15년) 11월 21일의 《승정원일기》 속에서 그런

정조의 마음을 엿볼 수 있어요.

낙엽이 떨어지고 바람마저 차가운 날이었어요. 기나긴 겨울이 성큼 다가왔지요. 겨울은 가난한 백성들에게 참으로 견디기 어려운 계절이었어요. 먹을 것도 부족했지만 매서운 추위를 견디기 위해 땔나무를 구하는 일도 큰 걱정거리였으니까요.

조선 시대에는 좋은 목재를 보호하기 위해 함부로 나무를 벨 수 없는 곳이 많았어요. 그런 장소에서는 떨어진 낙엽조차 함부로 가져올 수가 없었지요. 하지만 굶주림과 추위에 시달린 백성들이 몰래 들어가 낙엽을 긁어모으거나 나무를 베어 가는 일이 많았어요. 일이 발각되어 큰 벌을 받는 두려움보다 추위를 견뎌 낼 땔감이 더 절실했던 거예요.

그런데 그날, 다급한 보고가 정조에게 올라왔어요.

"어젯밤에 다섯 명의 백성이 궁궐의 담을 넘어 들어와 낙엽을 훔쳐 가려고 했습니다. 한 명은 궐을 지키는 군사에게 붙들렸고 나머지 네 명은 모두 달아났습니다. 즉시 군사들이 뒤를 쫓아 한 명을 더 붙잡았으나 아직도 세 명이 도망쳐 숨어 있다 하옵니다. 무례한 백성들이 감히 궁궐의 담장을 넘어와 도둑질을 하였으니 용서할 수 없습니다. 이미 붙잡은 두 명과 숨어 있는 세 명을 모두 붙잡아 큰 벌을 내리소서."

보고를 들은 정조는 마음이 무거웠어요. 궁궐 담을 넘어 들어

온 것은 큰 죄였지만 오죽했으면 궐 안의 낙엽까지 훔쳐야 했을까, 하는 생각에 안쓰러운 마음이 들었지요.

"솜옷까지 얼어 부러질 만큼 매서운 것이 겨울 추위다. 금보다 솜이 더 귀한 시기에 이런 일로 붙잡혔으니 법으로만 처벌할 수는 없다. 추위를 견디려고 낙엽을 훔친 것이니 그것을 살펴 벌을 내린 뒤 모두 풀어 주도록 하라."

정조는 붙잡힌 백성들의 죄를 가볍게 하라는 명을 내렸어요. 추운 겨울 동안 살아남기 위해 낙엽까지 훔쳐야 하는 백성들의 삶이 얼마나 고달플지 잘 알고 있었던 거예요.

어쩌면 영조와 정조는 털방석을 쪼는 까치와 낙엽을 훔쳐 가는 백성을 보며 부끄러운 마음을 가졌을지도 몰라요. 백성에게 부끄러운 마음이 들지 않도록 반성하며 스스로를 돌아보는 것은 어진 임금이 꼭 지녀야 할 품성이니까요.

정조가 아직 세손이던 1762년(영조 38년) 9월 9일의 《승정원일기》에는 임금이 느껴야 하는 부끄러움이 무엇인지 알 수 있는 이야기가 실려 있어요.

영조와 세손은 그날 경현당에 있었어요. 성균관에서 공부하는 유생들에게 경서의 뜻을 풀이하고 시와 글을 짓는 시험을 보는 날이었어요. 영조는 열한 살이던 세손을 불러 자리를 함께했어요.

마침 한 유생이 앞으로 나와 엎드렸는데 행색이 너무나 초라

했어요. 이를 본 영조가 세손에게 가만히 물었어요.

"참으로 딱하구나. 이 유생을 보니 어떤 생각이 드느냐?"

어린 세손은 침착하게 대답했어요.

"참으로 잔인합니다."

잔인하다는 말은 유생의 행색이 차마 바라볼 수 없을 만큼 초라하다는 뜻이었어요.

"임금이 어떻게 하면 이 유생 같은 사람에게 좋은 옷을 입힐 수 있겠느냐?"

영조는 세손에게 다시 물었어요. 그러자 세손이 곧 답했어요.

"임금이 어질면 그렇게 할 수 있습니다."

어린 세손의 대답을 들은 영조는 웃으며 말했어요.

"내가 참으로 부끄럽게 되었구나."

어진 임금이 되어야 가난하고 딱한 사람이 생기지 않는다는 말이었지만 다시 생각하면 임금이 어질지 못해 유생처럼 헐벗은 백성이 생겼다는 뜻이기도 했어요. 영조는 어린 세손의 말 속에 담긴 따끔한 의미까지 모두 받아들였던 거예요.

백성이 가난과 굶주림으로 헐벗는 것은 임금이 마땅히 부끄러워해야 할 일이었어요. 이렇듯 조선의 임금들은 부끄러움을 느끼며 어진 마음으로 백성들을 살펴야 한다는 걸 잘 알고 있었어요.

《화성능행도》〈시흥환어행렬도〉를 통해 느낄 수 있는 임금과 백성 간의 거리

1795년 정조가 어머니인 혜경궁 홍씨의 회갑을 기념하기 위해 사도 세자의 묘소인 현륭원이 있는 경기도 화성에서 연 행사 장면을 그린 8폭짜리 병풍이 《화성능행도》이다. 그중 화성 행궁을 출발하여 서울로 올라오면서 이제 막 시흥 행궁 앞에 다다른 장대한 행렬을 묘사한 것이 〈시흥환어행렬도〉이다. 〈시흥환어행렬도〉를 보면 백성들이 정조를 어렵게 생각하지 않았음을 알 수 있다. 봄나들이하듯 언덕이나 길옆에 앉아 편안한 자세로 임금과 임금의 어머니의 행차를 구경하고 있었다.

〈시흥환어행렬도〉의 부분도

1625년(인조 3년) 7월 30일
1781년(정조 5년) 10월 19일

왕이 이르노니, 부디 나의 잘못을 말하라

　조선 왕조는 500여 년의 오랜 역사를 이어 나갔어요. 세계사를 살펴봐도 한 왕조의 역사가 500년을 이어 간 나라는 거의 찾아볼 수 없어요. 그만큼 나라와 백성을 잘 다스린다는 것은 참으로 힘들고 어려운 일이에요. 그렇다면 조선이 무너지지 않을 수 있었던 이유는 무엇일까요? 온갖 위기 속에서도 500년의 역사를 지켜 낼 수 있었던 힘은 어디서 나온 걸까요?

　조선은 '언로'가 열린 나라였어요. 언로란 신하들이 임금에게 바른말을 올릴 수 있는 길을 뜻해요. 임금과 신하를 가로막는 벽이 없다면 그만큼 나라가 건강하다는 의미일 거예요.

　조선의 임금들은 언로가 막히면 망하지 않는 나라가 없다고 여겼을 만큼 아랫사람과의 소통을 중요하게 생각했어요. 귀를 활짝 열고 백성들의 소리를 듣는 것이 곧 성군이 되는 길이었고, 임금이 어질어야 백성들이 편안한 나라가 될 수 있다는 믿음이 있었어요.

언로가 살아 숨을 쉬려면 서슴없이 간언할 수 있는 제도가 꼭 필요했어요. 이를 위해 조선은 '대간 제도'를 두었어요. 대간은 사헌부의 관리인 '대관'과 사간원의 관리인 '간관'을 합쳐 부른 말이에요. 사헌부는 벼슬아치들의 잘못을 살피고, 사간원은 임금의 잘못을 꼬집는 역할을 맡고 있었지요.

대간은 임금이 나라를 올바른 길로 이끌 수 있도록 간언을 올렸어요. 간언은 임금의 잘못을 지적하고 나무라는 것과 같았어요. 그러니 아무리 어진 임금이라도 자신을 꼬집는 말을 듣고 화가 날 수밖에 없었을 거예요. 설령 임금이 분노한다고 해도 서슴없이 간언을 올리는 것은 대간이라면 마땅히 해야 하는 일이었어요.

임금도 대간이 하는 바른말에 대해 죄를 물을 수가 없었어요. 임금 역시 청렴하고 강직한 젊은 대간들의 기개를 꺾지 않으려고 했어요. 하지만 때론 임금의 심기를 건드려 큰 벌을 받거나 귀양을 가는 일도 있었으니 곧은 마음이 없다면 간언을 올리는 것은 결코 쉽지 않았을 거예요.

그렇다면 대간의 간언은 어디까지 가능했을까요?

1625년(인조 3년) 7월 30일 《승정원일기》의 기록이에요.

그날 인조는 어느 대간의 직언을 듣고 몹시 화가 나 있었어요. 곧 중요한 나랏일을 앞두고 있었는데 결정이 나기도 전에 대간이 제멋대로 이치에 맞지 않는 말을 했다고 여긴 것이었어요.

"이런 자가 함부로 간언을 한다면 나라 꼴이 제대로 될 리 없다. 관직을 삭탈하라!"

일이 커지자 승정원이 나서 인조에게 아뢰었어요.

"대간의 임무는 간언하는 것입니다. 이 관직에 있는 자가 침묵한다면 어찌 충성이라 하겠습니까. 과감히 아뢰는 것이 참으로 임금을 사랑하는 것입니다. 그의 말이 옳으면 마땅히 따르고, 만약 옳지 않은 것이 있으면 관대하게 용서하면 될 일입니다. 그의 소임을 다한 자에게 말한 내용을 문제 삼아 죄를 주어서는 안 됩니다. 이것은 대간을 대우하는 도리가 아니니, 전하에게 누가 되지 않을까 삼가 두렵습니다. 천둥과 벼락이 치면 무엇인들 꺾이지 않는 것이 있겠습니까. 이토록 엄하게 책임을 물으시면 앞으로는 대간으로 있는 자가 전하를 위해 하고 싶은 말을 숨김없이 할 수 없게 될 것입니다. 삼가 바라건대, 노여움을 푸시고 넓은 마음을 보여 주소서."

잔뜩 화가 난 인조는 명을 거두지 않았어요. 그러자 대간들이 매일같이 삭직을 거두라는 글을 올렸어요. 나중에는 조정 대신들까지 대간에게 잘못이 없다며 함께 나섰어요.

결국 인조는 삭직하겠다는 명을 거두어야 했어요. 하지만 대간들의 간언은 1년 뒤에도 그치지 않았어요. 1626년(인조 4년) 6월

7일에 올라온 문서를 보면 간언의 끝이 어디까지였는지 짐작해 볼 수 있어요.

"간언을 듣기 싫어하시는 병이 갈수록 심해지시니, 이는 전하께서 신들이 모두 자신보다 못하다고 여기기 때문입니다. 신하가 간언을 올리면 떠도는 이야기만을 듣고 옳지 않다고 여기시고, 혹 불쾌한 간언을 듣게 되면 하나같이 물리시니 충성스런 간언을 듣겠다는 뜻은 없고 신하들은 노여움만 살 뿐입니다. 전하께서는 대간을 이처럼 대하시면 안 됩니다. 삼가 바라건대, 자신을 돌이켜 깊이 반성하시고 병의 근원을 생각하시어 한 가지 일이라도 부족함이 없게 하소서."

정말 가슴을 콕콕 찌를 만큼 날카로운 간언이지요? 거리낌 없이 임금의 잘못을 꼬집는 말이었으니 인조 역시 대간의 간언을 뾰족한 가시처럼 받아들였을 거예요.

그 속마음까지는 알 수 없지만 인조는 이렇게 답을 내렸어요.

"잘 알았다. 임금을 사랑하고 나라를 걱정하는 경들의 충성을 매우 가상하게 여긴다. 내가 감히 두려운 마음으로 고치기를 생각하지 않을 수 있겠는가."

이처럼 임금에게 당당히 바른말을 할 수 있었던 대간 제도는 조선의 뿌리를 튼튼하게 해 주었어요. 하지만 제도가 아무리 좋다고 해도 충직하게 간언을 하는 신하가 없고 그것을 받아들일

《준천당랑시사연구첩》〈준천당랑시사연구도〉
18세기 후반에 그려진 《준천당랑시사연구첩》의 〈준천당랑시사연구도〉. 지금의 청계천인 준천의 흐름을 원활하게 하기 위한 정비 공사를 마치고 영조가 영화당 앞에서 신하들의 노고를 치하하는 모습이다.

〈준천시사열무도〉
준천 공사에 힘쓴 사람들을 칭찬하기 위해 열었던 무술 시합을 담은 〈준천시사열무도〉의 일부. 하천에는 인부와 소가 열심히 일을 하고 있고 그 모습을 영조가 다리 위에서 바라보고 있다.

수 있는 임금이 없다면 큰 힘을 낼 수 없어요. 대간 제도가 잘 이루어질 때 조선 왕조는 건강했지만 언로가 막히고 대간 제도가 기능을 못 하면서 나라도 힘을 점차 잃어 갔어요.

18세기 조선의 문화를 다시 일으켰던 정조 역시 간언이 얼마나 중요한지 잘 알고 있었어요. 1781년(정조 5년) 10월 19일 《승정원일기》에는 정조의 답답한 마음이 잘 드러나 있어요. 정조는 간언을 하지 않는 신하들에게 널리 의견을 구하는 글을 내렸어요.

왕이 이르노라.
나라가 흥하고 망하는 것은 오직 언로가 열렸는지, 막혀 있는지에 달려 있다. 언로가 막힌 나라가 망하지 않은 경우가 드물 것이다. 내가 임금이 된 이래로 언제나 조언을 구한다는 뜻을 널리 알려 왔다. 그럼에도 군신 백관들은 나의 말을 귀담아듣지 않고 그저 망설일 뿐이니 충성스러운 직언을 듣지 못하였다. 일찍이 요즘처럼 언로가 막힌 적이 없었다.
한 사람이 아무리 총명하다 해도 모든 일을 두루 살필 수 없고 온갖 일에는 잘못될 여지가 많으니 여러 사람의 말을 듣지 않고 어떻게 옳은 방법을 찾을 수 있겠는가.
말할 만한 일이 있으면 무슨 말이든 하고 간할 말이 있다면 누구든지 간하라. 생각해 보건대 지금 임금에게 간언하기를 망설이는 것은 내가 믿음을 주지 못하기 때문이다. 참으로 스스로 반성하니, 직무를 맡은 나라의 모든 관리들은 잘못된 것은 그르다 하고 시행해야 할 법이 있다면 시행하라, 고 말해야 할 것이다. 대체 꺼리는 것이 무엇이기에 상소도 올리지 않는단 말인가.

비록 벼슬이 없는 선비나 저잣거리의 백성이라 할지라도 조정에 할 말이 있다면 머뭇거리지 말라. 재주가 없어 스스로 글을 올릴 수 없다면 관청에 나가 의견을 말하면 모두 내게 전하라. 혹 사리에 맞지 않고 잘못된 것이 있더라도 그대들에게 죄를 묻지 않을 것이니 부디 그대들의 직언을 듣고자 하는 내 지극한 뜻을 저버리지 말라.

정조의 바람과 달리 며칠이 지나도록 간언은 올라오지 않았어요. 그러던 어느 날, 한 신하가 자신이 맡은 직무에 관해 간언하는 상소를 올렸어요. 정조는 신하를 크게 칭찬하며 사슴 가죽을 상으로 내렸어요.

정조는 나라를 다스리는 임금이 걱정해야 할 것이 무엇인지 잘 알고 있었어요. 간언하는 선비들이 사라진다면 나라가 제대로 설 수 없었어요. 정직하고 용감한 간언이야말로 임금이 나라를 바른길로 이끌어 갈 수 있는 최고의 지름길이었던 거예요.

1776년(영조 52년) 2월 4일 | 그날의 일을 지울 수 있을까?

    영조 대의 《승정원일기》 속에는 기록을 지운 흔적이 남아 있어요. 100여 개가 넘는 부분이 지워졌는데, 몇 줄이 하얗게 사라지거나 몇 장씩 칼로 잘라 낸 곳도 찾을 수 있어요.

    기록을 지운 자리에 "임금이 명을 내려 세초를 했다."는 글귀가 있는 것을 보면 영조가 의도적으로 삭제했다는 것을 알 수 있어요. 더욱 흥미로운 것은 삭제된 기록들이 대부분 1761년(영조 37년)부터 1762년(영조 38년) 사이에 모여 있다는 점이에요.

    당시 조선에는 무슨 일이 있었을까요? 영조는 왜 《승정원일기》의 기록을 지우라는 명을 내려야 했던 걸까요?

    1776년(영조 52년) 2월 4일의 《승정원일기》 속에는 그때의 일을 짐작할 수 있는 기록이 자세하게 실려 있어요.

    그날, 세손이었던 정조는 애끓는 마음을 담아 영조에게 상소를 올렸어요.

삼가 아뢰옵건대, 신에게는 너무도 가슴 아픈 일이 있습니다. 말을 하자니 먼저 목이 메고 글을 쓰자니 눈물이 먼저 흘러내립니다. 이 일은 전하께서 차마 들을 수 없고 신이 차마 말할 수도 없는 것입니다. 그러나 끝내 입을 다물고 말하지 않는다면 결코 신의 절박한 마음을 드러낼 길이 없습니다. 이에 감히 큰 소리로 진심을 아뢰오니, 전하께서 불쌍히 여겨 굽어살펴 주소서.

아! 임오년의 처분은 전하께서 종묘사직을 바로 세우기 위해 부득이 내리신 결단이었습니다. 신이 바르지 못한 마음으로 그 의리를 뒤집으려는 것이라면 이것은 실로 전하에게 죄인이 될 것입니다. 종묘사직의 죄인이 되고 만고의 죄인이 될 것이니 신이 어찌 감히 속일 수가 있겠습니까.

다만《승정원일기》로 말한다면, 당시의 사실을 모두 다 기록해 놓아 모르는 사람들이 없고, 그것을 읽어 보지 않은 사람이 없습니다. 본 사람이 다른 사람에게 전하고 들은 사람이 의견을 말하다 보니 온 세상에 널리 퍼져 모든 사람들이 보고 듣게 되었습니다. 그러니 신의 마음은 너무나 애통할 뿐입니다.

정조는 임오년의 처분이《승정원일기》에 남아 있는 것을 가슴 아프게 여겼어요. 차마 들을 수도 없고 말할 수도 없는 일을 모든 사람이 알게 되니, 애통한 그 심정을 영조가 헤아려《승정원

일기》에서 지워 줄 것을 간절하게 청한 것이었어요.

임오년의 처분은 1762년(영조 38년) 영조의 명으로 사도 세자가 뒤주에 갇혀 죽은 사건을 말해요. 임오화변이 일어났을 때, 정조의 나이는 고작 열한 살이었지요.

첫아들 효장 세자를 갑자기 잃어야 했던 영조는 마흔이 넘어 뒤늦게 얻은 사도 세자를 몹시 아꼈어요. 한 살이 갓 지난 아기를 세자로 삼을 정도로 영조의 기쁨은 아주 컸지요. 그러나 사도 세자에게 영조는 호랑이보다 무서운 아버지였어요.

숙종의 둘째 아들로 태어난 영조는 어머니 숙빈 최씨가 천한 신분이었기 때문에 항상 왕의 정통성 시비에 휘말리곤 했어요. 그래서 더욱 사도 세자가 강력한 힘을 가진 왕이 되도록 혹독한 세자 교육을 시켰어요. 잠을 자고 공부하는 시간까지 철저하게 관리했던 영조의 교육은 오히려 세자에게 독이었어요. 영조의 기대에 미치지 못한 세자의 마음은 점점 병들어 갔고 아버지와 아들 사이를 멀어지게 하는 불행의 씨앗이 되고 말았지요.

치열한 당파 싸움의 소용돌이 속에서 정치적으로 맞서던 세력들도 영조와 사도 세자의 사이를 더욱 갈라놓았어요. 사도 세자를 반대하는 쪽에서 계속 모함하는 이야기가 흘러나왔고 어느새 영조 역시 아들을 의심하고 있었어요.

결국 1762년(영조 38년) 5월에 돌이킬 수 없는 일이 벌어지고 말

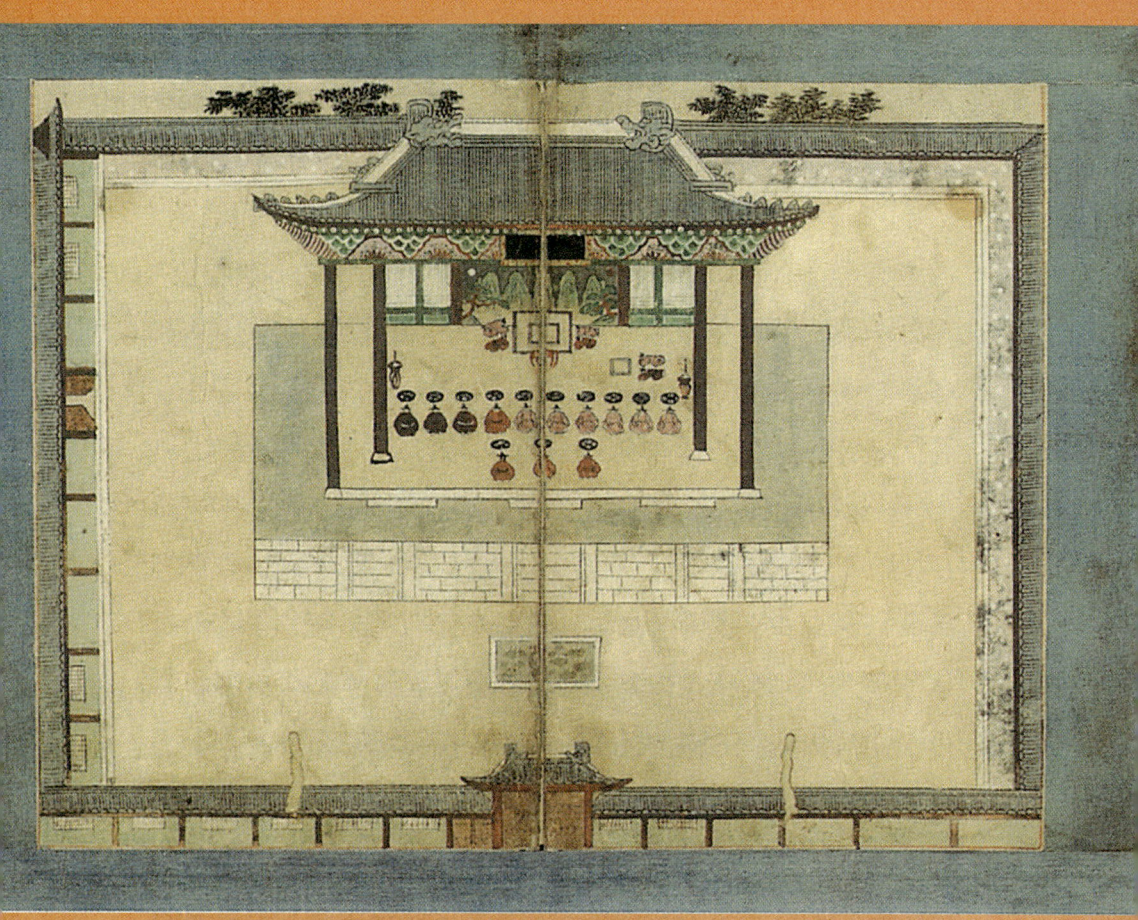

《경현당어제어필화재첩》 1741년, 영조 17년 6월 22일 영조가 《춘추》 강독을 마치고 승정원과 홍문관 신료들을 경덕궁 경현당에서 만난 모습을 그린 《경현당어제어필화재첩》. 한가운데에 영조의 어좌를 그리고 우측에 사도 세자의 자리를 배치하였다. 영조와 사도 세자가 유일하게 한 화폭에 등장하는 그림이다.

정조 효손은인
'효성스러운 세손, 83세에 쓰다'라는 글씨를 새긴 은으로 만든 보인. 정조가 《승정원일기》에서 사도 세자의 죽음과 관련된 기록을 지워 줄 것을 청하자 영조가 감격해 내린 은인이다.

❶ 손잡이
❷ 끈
❸ 방울
❹ 술
❺ 판

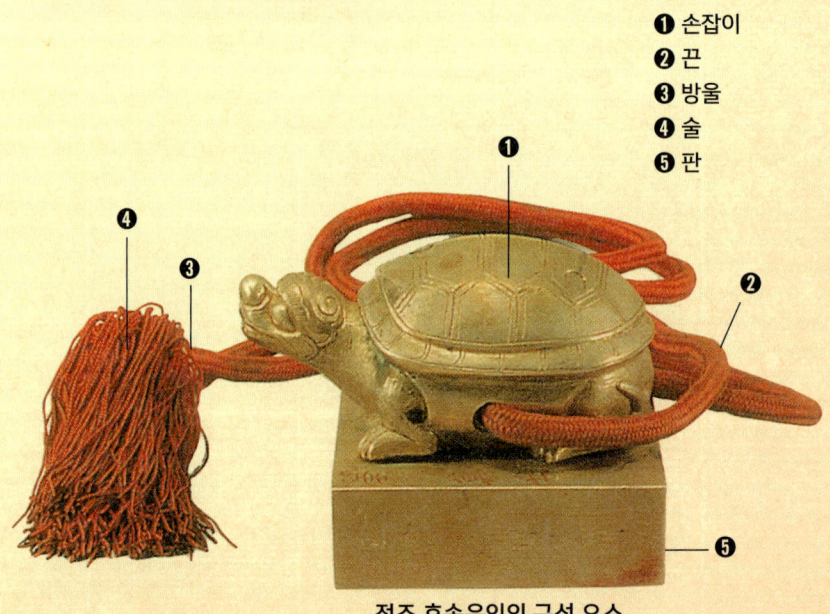

정조 효손은인의 구성 요소

아요. 사도 세자가 역모를 꾸미고 있다는 나경언의 고변이 올라온 거예요. 나경언의 고변에는 사도 세자의 열 가지 죄목이 적혀 있었다고 해요. 하지만 영조가 불태워 버려 사도 세자가 정말 역모를 꾸미려 했는지는 알 수 없어요.

영조는 사도 세자에게 스스로 목숨을 끊으라는 어명을 내렸어요. 사도 세자가 눈물로 결백을 아뢰었지만 영조는 아들을 뒤주에 가두고 끝내 죽음에 이르게 했어요.

정조에게 아버지의 비극적인 죽음은 씻을 수 없는 아픔이었어요.《승정원일기》에 남아 있는 사도 세자에 관한 기록들은 정조의 가슴을 찌르는 날카로운 칼날과 같았을 거예요.

《승정원일기》는 임금조차 함부로 볼 수 없었던《조선왕조실록》과는 달리 누구나 열람할 수 있는 자료였어요. 나라에 중요한 일이 생겼을 때, 과거의 사례를《승정원일기》속에서 찾아보았고 사신을 접대하거나 왕실에 연회가 벌어질 때도 좋은 참고가 되었어요. 또 억울한 일을 당한 사대부들이《승정원일기》의 기록을 살펴 잘못이 없다는 것을 호소하기도 했어요. 뿐만 아니라 사대부들이 개인 문집을 낼 때도《승정원일기》속에서 필요한 내용을 뽑아 쓸 정도로 쉽게 이용할 수 있었어요.

누구보다 세손을 아꼈던 영조 역시 정조의 마음을 잘 알고 있었어요. 비정하게 아들을 죽였지만 세도 세자의 죽음은 가슴을 짓누르는 커다란 응어리였지요. 아들이 죽은 후 누구도 사도 세자의 일을 입에 올리지 못하도록 금지했던 것 역시 그런 마음 때문이었어요.

영조는 세손의 청을 받아들여 그날의 기록들을 모두 지우라고 명했어요. 승지와 주서가 함께 창의문 밖 세검정의 차일암으로 나가 일기 속에 기록된 그날의 일들을 냇물로 씻어 냈어요. 죽음을 앞두고 있던 영조도 사도 세자의 죽음이 실록보다 자세하게 기록되어 있는 《승정원일기》를 지우고 싶어 했을지도 몰라요.

이렇게 그날의 기록들은 모두 역사 속으로 사라지고 말았어요. 지워진 흔적만 하얀 여백으로 남아 있을 뿐이지요.

안타까운 것은 이때 《승정원일기》의 기록이 삭제되면서 사도 세자의 죽음에 관한 정확한 진실을 알 수 없게 되었다는 것이에요. 그날그날 현장에서 일어난 일을 사실 그대로 기록했던 《승정원일기》보다 더 정확한 사료가 없다고 여겨지기 때문에 역사의 한 부분이 영원히 사라졌다는 아쉬움이 클 수밖에 없어요.

세초를 명하고 한 달이 지난 3월 5일, 영조는 경희궁에서 조용히 눈을 감았어요. 눈을 감는 순간, 영조 앞을 스쳐 간 것은 무엇이었을까요? 어쩌면 사도 세자의 얼굴을 마지막으로 떠올렸던 것은 아닐까요?

| 1725년(영조 1년) 2월 25일
1727년(영조 3년) 9월 9일 | # 국왕의 일생을 담다 |

 누구나 세상에 태어나서 살아가는 동안 다양한 통과 의례를 거치기 마련이에요. 첫돌을 맞이하고 때가 되면 학교에 들어가고 성년이 지나면 책임감을 갖고 자기 삶을 살아가게 되지요.

 조선 시대 국왕도 태어나서 삶을 마치는 일생 동안 여러 가지 통과 의례를 거쳐야 했어요. 한 나라를 다스리는 왕이었으니 의례를 맞이하는 격식과 중요성은 이루 말할 수가 없었겠지요.

 여러 의례 중에서도 세자로 책봉하는 '책례'와 성인으로 인정받는 '관례', 결혼식을 의미하는 '가례'와 임금이 생을 마칠 때 마지막으로 치러지는 '국장'은 대표적인 의례라고 할 수 있어요.

 1725년(영조 1년) 2월 25일은 영조가 맏아들 경의군을 세자로 책봉한다는 결정을 내린 날이었어요.

 그날 밤 4경(새벽 4~6시) 무렵, 여러 대신들이 다급하게 창경궁 진수당으로 들어왔어요.

 "한밤중에 허둥지둥 대신들을 입시하도록 명하셨는데 하교하

실 일이 무엇입니까?"

예조 판서가 다급히 아뢰자 영조가 말했어요.

"낮에 이미 대신들에게 일렀으나 다시 생각해 보아도 왕세자를 정하는 일은 정말로 중대하다. 나는 빨리 정할 마음이 없었지만 응당 해야 할 일이라면 잠시도 늦추어서는 안 되기에 대신들과 더불어 의논하고자 하니 신하들은 각자 의견을 아뢰라."

그날 아침에도 신하들은 영조에게 입을 모아 왕세자를 세울 것을 청했어요. 숙종 때 왕자가 세 살에 책봉식을 행했는데 지금 왕자의 나이가 이미 일곱 살이니 세자 책봉을 하루도 미룰 수 없다고 아뢰었지요. 하지만 영조는 신중하게 생각한 끝에 다시 의견을 묻고자 밤늦게 대신들을 궁궐로 부른 것이었어요.

"이는 실로 억만년 무궁한 복이니, 기쁜 마음으로 경하드리는 것 이외에 다시 무슨 말을 하겠나이까."

예조 판서의 말에 다른 대신들도 앞다투어 나섰어요.

"일찍 세자를 세우는 것은 정말로 온 나라의 가장 큰 경사이니, 어찌 잠시라도 늦출 수 있겠습니까."

모든 신하들이 한목소리로 왕세자를 세울 것을 아뢰었어요. 이야기에 귀를 기울이던 영조도 세자를 세우기로 결정했어요.

"내달 보름 후로 날을 택하라."

영조가 이르자 승지가 종이와 붓을 가지고 나와 엎드렸어요.

"왕자 경의군을 세자로 삼는다."

승지는 영조의 말을 적어 임금 앞에 펼쳐 놓았어요. 영조가 다시 살펴본 후에 승지에게 가져가라고 이르니 여러 신하들이 모두 일어나 기쁜 마음으로 절을 올렸어요.

이렇게 경의군의 책례가 결정되자, 나라와 왕실에 중요한 의식이 있을 때마다 임시로 설치되는 '도감'이 만들어졌어요. 도감을 중심으로 다양한 부서가 일을 나누어 맡아 진행해 나갔는데 행사의 내용에 따라 도감의 이름도 달랐어요.

왕세자를 책봉하는 의식에는 책례도감이 설치되고, 왕실 혼례 때는 가례도감, 국왕이나 왕실의 장례식 때는 국장도감이라는 이름을 붙였어요. 사신을 맞이하거나 궁궐을 수리하고 능행을 나갈 때도 다양한 이름의 도감이 만들어졌어요.

또 의례가 끝나면 의궤를 제작하기 위한 의궤청도 설치되었어요. 의궤는 '의식'과 '궤범'을 합친 말인데, 행사의 모든 과정을 글과 그림으로 기록해 놓은 책이라고 할 수 있어요. 의궤는 보통 5부에서 9부를 제작하여 어람용과 보관을 위한 분상용 의궤를 따로 만들었어요. 어람용은 임금이 보기 위해 만든 것으로 특별히 공들여 1부를 제작했지요.

경의군이 왕세자로 책봉되는 과정도 《효장세자책례도감의궤》에 꼼꼼하게 기록되어 있어요. 책봉 절차에 따라 대궐로 들어오는 행렬을 그대로 그려 놓은 '반차도'를 보면 의례가 어떻게 진행되었는지 한눈에 알 수 있어요.

의궤는 의례가 끝난 뒤에 작성했지만 반차도는 행사가 시작되기 전에 미리 만들어야 했어요. 행사가 벌어지는 동안 행렬을 맡은 사람들이 반차도를 보며 각자의 위치와 순서를 미리 알고 실수하지 않도록 연습해야 했기 때문이에요.

반차도 역시 보관을 위한 분상용과 왕에게 보여 줄 어람용이 각각 제작되었어요. 보관할 반차도는 사람과 말 등을 판화로 찍어 내듯 단순하고 간략하게 만들었지만 어람용은 사람마다 표정과 동작이 모두 살아 있을 만큼 심혈을 기울여 손으로 그렸다는 걸 알 수 있어요. 반차도는 따로 전해지기도 하지만 대부분 의궤에 함께 수록되었어요.

왕세자가 된 경의군은 2년이 지난 1727년(영조 3년) 9월 9일에 관례를 치렀어요. 관례는 지금의 성년의 날처럼 성인으로 인정받는다는 의미의 엄숙한 의식이었어요.

이날, 영조는 관례를 치르는 세자에게 마음을 담은 글을 내려 주었어요.

왕은 이르노라.
세자는 타고난 성품이 넓고도 원대하고 기개가 씩씩하여 학문을 배울 때부터 모든 행동이 예법에 맞았으며, 말과 일 처리가 항상 보통 사람의 생각을 벗어났다. 그러므로 나의 기쁨이 끝이 없었고 기대와 희망이 더욱 지극해졌다.

세자는 너의 마음을 붙잡고 너의 행동을 단속하며 먹고 쉴 때도 잊지 말고 날로 새롭게 한 후에야 성인이 되기를 바랄 수 있다. 올바른 선비가 하는 정직한 말은 비록 마음에 들기 어렵지만 이를 가까이하면 반드시 자신에게 이롭고 국가에도 도움이 되는 것이며, 간사한 사람과 아첨하는 말은 마음을 기쁘게 해도 이를 가까이하면 반드시 자신을 해치고 국가에도 재앙이 있을 것이니, 너는 부디 깊이 유념할지어다.

아, 임금의 머리에 쓰는 면류관은 화려한 것이 아니고 장차 그것에 맞는 책임을 떠맡아야 할 것이니, 진실로 그렇게 할 수가 없다면 곧 어린아이와 무슨 구별이 있겠는가. 너는 부디 두려운 마음으로 경계하고 삼가서 혹시라도 태만함이 없도록 하라.

영조는 세자가 성인으로서 책임감을 가져 주길 바랐어요. 장차 나라를 다스려야 할 세자였기 때문에 관례를 치른 후에는 누구보다 막중한 책임감이 필요했던 거예요.

이렇듯 영조가 아꼈던 세자였지만 경의군은 이듬해인 1728년(영조 4년)에 열 살의 나이로 숨을 거두고 말았어요. 영조는 세자가 무사히 자라는 모습을 지켜볼 수 없었죠. 관례를 마치고 아홉 살에 혼례까지 올린 세자를 잃었으니 영조의 상심은 더욱 컸겠지요. 영조는 슬퍼하며 죽은 세자에게 효장이라는 이름을 지어 주었어요.

효장 세자가 세상을 떠난 뒤, 영조는 어렵게 얻은 사도 세자를 세자로 책봉했지만 그마저 왕위에 오르지 못하고 뒤주에 갇혀 죽는 비극을 맞이하고 말죠. 영조의 뒤를 이은 이는 영조의 손자이자 사도 세자의 아들이었던 정조였어요.

조선 시대에서 왕실의 결혼식은 무엇보다 경사스럽고 기쁜 의례였어요. 왕실을 튼튼하게 하고 나라를 안정시키는 중요한 행사이기도 했지요.

《승정원일기》를 살펴보면 왕세자와 왕이 올린 결혼식을 많이 찾아볼 수 있어요. 왕실의 결혼을 '가례'라고 했는데 눈에 띄는 가례를 꼽자면 바로 영조 임금의 결혼식이었어요. 조선의 임금은 대부분 세자 시절에 혼례를 올리기 때문에 66살에 올렸던 영조의 결혼식은 아주 특별하다고 할 수 있었어요.

첫 왕비였던 정성 왕후가 세상을 떠나고 3년이 지난 후 영조는 전국에 간택령을 내렸어요. 조정으로 올라온 왕비 후보 중에서 세 번에 걸친 심사를 통해 정순 왕후가 왕비로 간택되었지요. 이때 영조의 나이는 66살이었고 왕비는 정말 어린 15살의 신부였어요. 영조의 아들인 사도 세자보다도 열 살이나 더 어린 왕비였던 거예요.

《승정원일기》와 《영조정순왕후가례도감의궤》 속에는 1759년(영조 35년) 6월에 있었던 영조의 결혼식 과정이 실려 있어요. 특히 의궤에 수록된 반차도에는 영조가 정순 왕후를 맞이하는 '친영'이 끝나고 함께 궁궐로 돌아오는 모습이 자세히 그려져 있지요.

임금이 별궁에서 왕비가 되는 수업을 받던 신부를 궁궐로 모셔 오는 의식은 지금의 결혼식장에서 볼 수 있는 신랑, 신부의 결혼식 행진과 같다고 할 수 있어요.

반차도를 보면 왕과 왕비의 가마를 호위하는 군사들과 여러 시종들의 모습이 아주 생동감 넘치게 표현되어 있어요. 말을 탄 군사들이 당당하게 이가 행렬을 이끌고 임금의 권위를 상징하는 깃발이 힘차게 펄럭이는 듯해요. 1000명이 넘는 사람들과 수백 마리의 말들이 반차도 안에서 마치 살아 움직이는 듯 느껴진답니다.

이렇듯 《승정원일기》에 담겨 있는 다양한 의례를 통해 우리는 조선을 다스렸던 국왕의 일생과 마주할 수 있어요. 의궤를 함께 펼쳐 본다면 그날의 의식이 어떻게 시작되고 어떤 절차를 거쳐 마무리가 되었는지 재연해 낼 수 있을 만큼 상세하게 알 수 있답니다.

왕의 가마 행렬

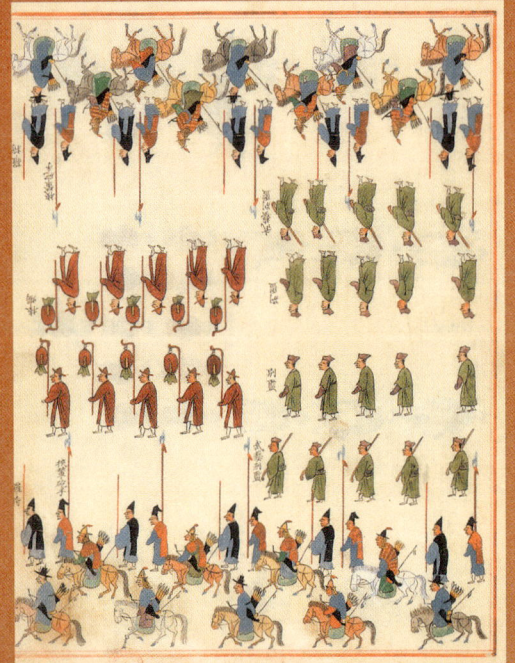

왕후의 가마 행렬

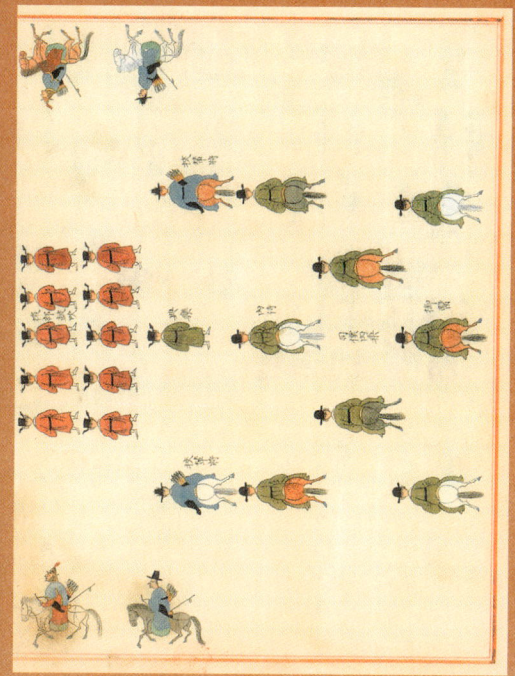

영조, 정순 왕후를 계비로 맞이하다!

《영조정순왕후가례도감의궤》는 정비인 정성 왕후와 사별한 영조가 3년 상을 마치고 1759년, 정순 왕후 김씨를 계비로 맞이하는 혼례식을 기록한 의궤이다. 영조가 정순 왕후를 데리고 궁으로 가는 장면을 담은 '친영반차도'가 50면에 걸쳐 실려 있는데 379필의 말과 1299명의 인물이 등장할 정도로 웅장하다. 첫 번째 줄 가운데에 사방이 열린 가마는 영조의 가마이며, 두 번째 줄 가운데에 닫힌 가마는 왕후의 가마이다. 당시에는 어떤 그림에도 임금이나 세자의 모습은 그려 넣지 않았기 때문에 열린 가마임에도 불구하고 영조의 모습은 볼 수 없다. 왕후의 가마는 신부의 얼굴이 함부로 알려지면 안 되기 때문에 닫혀 있다. 왕후의 가마 뒤로는 만일의 상황에 대비하여 의관들이 따라가고 있다.

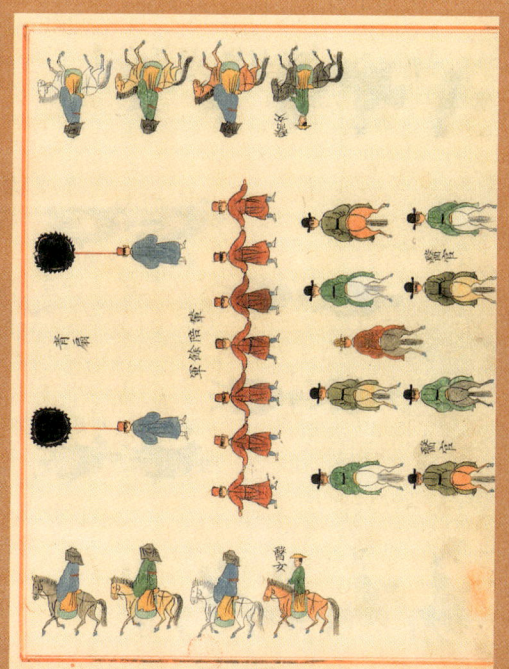

| 1894년(고종 31년) 11월 21일
1910년(융희 4년) 8월 29일 | 승선원(승정원)을
폐지하라  |

    한결같이 임금의 곁을 지켜 왔던 승정원은 갑오개혁으로 커다란 변화를 맞고 있었어요. 1894년 7월부터 1896년 2월까지 계속된 갑오개혁은 조선의 낡은 제도를 없애고 근대 국가로 나아가기 위해 실시한 개혁이었어요.

    권력을 잡은 개화당은 김홍집을 중심으로 정치, 경제, 사회, 문화 등 나라 전반에 걸쳐 개혁을 단행했어요. 과거 제도를 없애 인재를 고루 등용하고 백정과 노비처럼 천한 신분을 구별하는 신분 제도를 폐지해 누구나 차별받지 않도록 했어요.

    무엇보다 왕실과 나랏일을 나누어 의정부에서 나랏일을 맡게 하고 왕실의 일은 궁내부가 담당하도록 바꾸었는데, 이것은 왕의 권한을 크게 줄여 의정부가 국정을 이끌어 나갈 수 있도록 한 것이었어요.

    이 과정에서 승정원도 승선원으로 이름이 바뀌었다가 몇 달 뒤 폐지되고 말아요. 1894년(고종 31년) 11월 21일의 일기에는 승정원의 마지막 이야기가 이렇게 기록되어 있어요.

　유시(오후 5~7시)에 고종은 경복궁 함화당에서 총리대신 김홍집을 만나고 있었어요. 이 자리는 조선을 새롭게 바꾸는 갑오개혁의 칙령을 고종에게 승인받기 위한 것이었어요.

　"신 등은 오늘 반포할 칙령과 새로운 공문서를 전하께 재가받기 위해 나왔습니다."

　김홍집이 아뢰자 고종이 답했어요.

　"실시하는 것이 오히려 늦었다고 하겠다."

　김홍집이 다시 아뢨어요.

　"명을 받들어 칙령 제1호를 써서 바칩니다."

　고종이 임금의 수결이 새겨진 도장을 찍자 김홍집이 갑오개혁의 칙령을 모두 써서 바쳤어요.

　"승선원을 이미 없앴으니 별도로 시종하는 관원을 두어야 할 것이다."

　재가를 마친 고종이 김홍집에게 말했어요.

　"궁내부의 직제를 다시 고쳤으니 시종하는 관원을 두어야 하겠지만, 당분간은 궁내부 참의가 겸하는 것이 좋을 듯합니다."

　김홍집의 말을 들은 승선 신병휴가 엎드려 고종에게 아뢰었어요.

　"신이 외람되이 승선의 자리에 임명되었으나 지금 승선원을 혁파하는 시점에서 감히 이대로 차지하고 있을 수가 없습니다.

감히 신이 나설 자리가 아님에도 불구하고 함부로 말씀드리는 것이 매우 황송한 일이지만, 승선원은 바로 임금의 명령을 출납하는 곳으로서 국가가 생긴 이후로 반드시 승지와 사관이 곁에서 지켜 왔는데, 이번에 갑자기 혁파해 버리시니 서글퍼서 답답한 마음을 견딜 수가 없습니다."

신병휴는 승선원이 없어지는 것이 너무나 안타까웠어요. 그런데 고종이 뭐라 답을 하기도 전에 김홍집이 신병휴의 말을 딱 잘랐어요.

"그것에 대해서는 굳이 나서서 아뢸 필요가 없습니다."

고종은 먼저 대신에게 물러가라 이르고 신하들에게도 모두 돌아갈 것을 명했어요. 그러자 신하들이 차례차례 함화당을 빠져나갔어요.

스스로 승선원을 없애야 했던 고종의 마음은 어땠을까요?

왕명을 출납해 온 승정원이 얼마나 중요한 곳인지 고종이 몰랐을 리 없어요. 그런데도 왜 승선원을 폐지한다는 칙령을 허락해야만 했던 걸까요?

갑오개혁이 실시될 무렵, 조선은 빠르게 기울고 있었어요. 19세기 중반부터 미국과 프랑스를 비롯한 세계 제국주의 열강들이 무력으로 조선의 개항을 요구하며 거침없이 밀려들었어요.

제국주의는 산업이 발달한 강대국이 이익을 얻기 위해 약한

고종 1907년, 일본이 제공한 군복을 입고 촬영한 고종의 모습.

나라를 침략해서 지배하는 것을 뜻해요. 그러나 나라 밖 세상에 어두웠던 조선은 나라의 문을 굳게 닫아걸고 있었어요.

나라의 문을 열어 개혁을 하자는 개화파의 목소리가 있었지만 오랜 문화와 전통을 가진 조선이 서양 오랑캐 따위에 뒤처질 것이 없다며 그들의 문물을 배척하자는 목소리가 더 컸던 상황이었어요.

더구나 임금에게 권력을 위임받은 세력들이 수십 년 동안 세도 정치를 펼치면서 나라가 휘청거렸고 부패한 관리들의 횡포도 극에 달해 있었어요. 갑오개혁 이전에도 백성들을 괴롭히는 낡은 제도와 탐관오리를 몰아내자는 저항이 일어났지만 가진 것을 놓지 않으려는 관리들 때문에 개혁은 쉽게 이루어지지 않았지요.

이처럼 19세기 중반은 외세의 침략이 본격화되는 위기의 순간이자, 개혁을 이뤄 근대 국가로 탈바꿈할 수 있는 기회의 순간이기도 했어요. 하지만 조선은 빠르게 대응하지 못한 채 세계열강에 둘러싸여 스스로 헤쳐 나갈 힘을 키우지 못하고 있었어요.

결국, 한발 앞서 근대화에 성공한 일본 제국주의가 군대를 앞세워 개항을 요구하자 이를 막아 낼 힘조차 없었어요. 호시탐탐 조선을 노리고 있던 일제는 궁궐을 점령한 채 강제로 조선의 개혁을 밀어붙였죠. 고종의 힘을 약화시키고 자기들 입맛에 맞는 개화당을 내세워 조선을 마음대로 주무르려고 했던 거예요. 조

고종 탄생 축하 기로연을 마치고……
1908년 9월 8일. 고종 탄생 축하 기로연이 열린 뒤에 정무를 맡아보던 경운궁(지금의 덕수궁) 준명당 앞에서 원로대신들과 함께 찍은 사진이다. 1906년, 일본이 이미 통감부를 설치했고 전국에서 일어나는 의병 운동이나 애국 계몽 운동 등을 탄압하며 대한 제국의 국권을 빼앗으려 호시탐탐 기회를 노리던 시기였기 때문에 축하연이 벌어졌음에도 불구하고 대신들의 표정이 밝지 않다.

선 땅에서 벌어진 청일 전쟁까지 승리한 후에는 일제의 간섭이 더욱 노골적으로 변해 갔어요.

　변화가 꼭 필요한 조선이었지만 갑오개혁은 일제의 압박 속에서 시작된 개혁이었어요. 개혁을 위한 준비도 부족했고 개혁을 주도했던 세력이 일제의 힘에 의지한 사람이었다는 한계가 있었어요. 그 때문에 개화당이 추진하려던 개혁은 백성들의 지지를 받지 못한 채 제대로 뜻을 이룰 수가 없었지요.

　하지만 일제는 개혁을 빌미로 조선의 지배권을 더욱 강화하려 했어요. 러시아를 비롯한 강대국들도 이권을 차지하려고 덤벼들고 있었지요. 거듭되는 위기 속에서 고종은 청나라와 일본과 러시아 등 어느 나라와도 대등한 국가임을 선언하기 위해 1897년 나라 이름을 대한 제국으로 바꾸고 황제에 올랐어요. 대한 제국이 떳떳한 자주독립국임을 널리 선포한 것이었어요. 그러나 열강의 각축 속에서 아무것도 지켜 낼 힘이 없었던 대한 제국은 그저 이름뿐인 나라였어요.

　일제가 러시아와 대한 제국의 지배권을 두고 싸운 러일 전쟁마저 이기자 나라의 운명은 바람 앞의 등불과 같았어요. 일제는 조선을 식민지로 만들기 위해 차근차근 단계를 밟아 나갔고, 미국이 필리핀을 차지하고 일본이 조선을 차지한다는 밀약을 미국과 몰래 맺으며 남아 있던 걸림돌마저 모두 없애 버렸어요.

1905년, 마침내 을사늑약으로 대한 제국의 외교권을 박탈한 일제는 경찰권과 사법권을 비롯해 중요한 권리를 모조리 빼앗고 군대까지 해산시켰어요. 강압적으로 고종을 황제의 자리에서 물러나게 한 뒤에는 마지막으로 병합을 강요했어요. 백성들이 죽음을 무릅쓰고 일제의 식민지가 되는 것을 반대했지만 1910년 조선은 끝내 비극적인 운명을 맞이하고 말았지요.

  1910년 8월 22일, 창덕궁과 경운궁은 총칼로 무장한 수천 명의 일본군과 헌병들에게 둘러싸여 있었어요. 이처럼 살벌한 상황 속에서 순종은 '한일 병합 조약안'을 재가하고 말았어요. 아무런 저항도 하지 않고 무기력하게 나라를 넘겨주는 치욕적인 순간이었어요.

  대한 제국을 강탈한 일제는 한국민이 거세게 들고일어날 것을 두려워해 이 사실을 꼭꼭 숨겼다가 일주일이 지난 8월 29일에야 알렸어요.

  1910년(융희 4년) 8월 29일(음력 7월 25일)의 《승정원일기》 속에는 대한 제국의 통치권을 일제에게 양여한다는 순종의 칙유가 실려 있어요.

  황제는 이르노라. 짐이 덕이 없어 왕업을 이어 가는 막중한 일을 이어받았음에도 불구하고 지금과 같이 나라가 어려움에 처하였다.

통치권 양여에 관한 순종 황제 칙유
1910년 8월 29일, 순종 황제가 대한 제국의 통치권을 일본 황제에게 양여한다고 포고한 칙유다. 칙유에는 국새 대신 어새가 찍혀 있고 순종 황제의 서명이 없어 일본이 날조했다는 의심을 받고 있다.

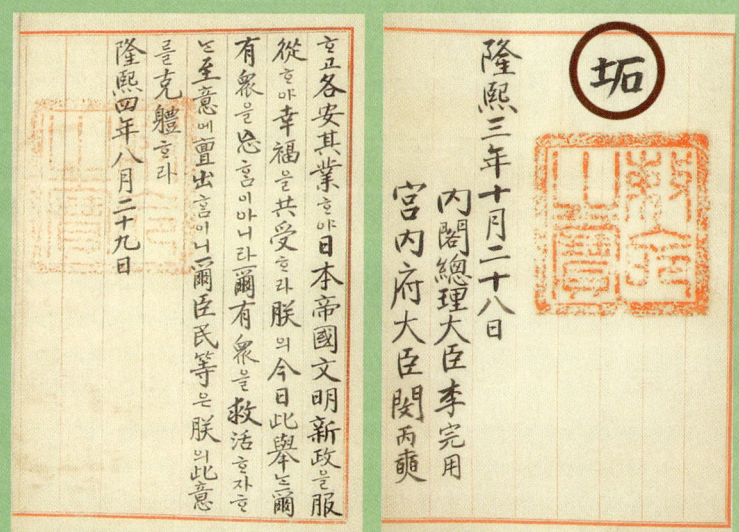

순종 황제의 서명이 있는 정상적인 칙명(오른쪽)과 서명이 없는 8월 29일 순종 황제의 칙유(왼쪽).

그동안 여러모로 힘을 쓰고 지극하게 애를 써 왔지만 줄곧 쌓여 왔던 나약함이 고치기 어려운 병이 되어 극도에 이르렀으니 단시일에 만회할 시간이 없고 해결할 방책을 찾을 수가 없다. 이대로 버려두면 끝내 수습할 수 없을 것이니 차라리 나라를 다스리는 일을 남에게 맡겨 완전하게 할 방법을 찾고 공들여 새롭게 고치는 효과를 얻는 것보다 못할 것이다. 이에 짐이 안으로 반성하고 스스로 결단을 내려 한국의 통치권을 종전부터 친근하게 믿고 의지하던 이웃 나라 대일본 황제 폐하에게 양여하기로 하였다. 이것은 밖으로는 동양의 평화를 공고히 하고 안으로는 팔도의 민생을 보존케 하려는 것이다. 그러하니 대소 신민들은 나라의 형편과 지금의 시기를 살펴 번거롭게 동요하지 말고 각자의 생업에 편안하게 임하며 일본 제국의 새로운 정치에 복종하고 행복을 받도록 하라. 짐이 내린 오늘의 조치는 그대들을 잊어버린 것이 아니라 그대들을 구하고자 하는 지극한 뜻에서 나온 것이니, 그대 신민들은 짐의 뜻을 잘 헤아리라.

마지막 일기는 이렇게 끝을 맺었어요. 이날 한일 병합을 발표했지만 이미 22일에 모든 것이 결정 나 있었던 거예요.
1910년 8월 29일은 나라의 최고 통치자와 대신들이 일제의 총칼 앞에 굴복한 채 나라를 저버린 비극적인 날이었어요. 그러나 일제에게 굴욕적으로 나라를 빼앗겼다는 사실을 알게 된 백성들

창덕궁의 궁내부 청사 1909년 12월쯤 완공된 창덕궁의 궁내부 청사. 금천교 부근에 위치해 있었으나 1960년 화재가 일어나 현재는 남아 있지 않다.

　의 가슴에는 울분이 가득 차올랐고 나라를 되찾기 위한 수많은 애국지사들의 처절한 독립운동이 시작된 날이기도 했어요.
　이날을 끝으로 《승정원일기》는 더 이상 기록되지 못했어요. 조선이 건국되고 임진왜란으로 일기가 불타 버린 뒤에도 288년 동안 이어져 온 기록이 이렇게 멈추고 말았던 거예요.
　갑오개혁 이후 급변했던 조선의 운명처럼 승정원도 많은 변화를 겪었어요. 1894년 승선원이 폐지되면서 그동안 맡고 있던 업무는 궁내부가 담당했고, 1895년 4월 궁내부 안에 비서감이 설치되면서 비서실의 역할을 맡았다가, 같은 해 11월에 비서원으로 따로 독립했지요. 1905년에 다시 비서감으로 바뀌 겨우 이름뿐인 승정원의 업무를 이어 갔지만, 1907년 11월부터는 비서감마저 완전히 폐지되고 말죠. 그 후 1910년 국권을 빼앗길 때까지 왕실 도서관이었던 규장각에서 일기를 기록해 나갔어요.

승정원의 변화에 따라 일기 역시 《승정원일기》, 《승선원일기》, 《궁내부일기》, 《비서감일기》, 《비서원일기》, 《규장각일기》 등으로 이름이 바뀌었어요. 이름은 바뀌었지만 모든 일기가 같은 형식으로 기록되어 있기 때문에 전체를 《승정원일기》라 부르고 있어요.

갑오개혁부터 일제에게 강제로 나라를 빼앗길 때까지 불과 16년 사이에 6번이나 이름이 바뀔 만큼 승정원과 《승정원일기》에는 조선의 아픈 역사가 오롯이 새겨져 있어요.

비록 조선의 운명과 함께 일기는 멈추고 말았지만 직필의 정신으로 기록해 나간 《승정원일기》는 그날의 역사를 빠짐없이 담아 오늘날까지 생생하게 전해 주고 있답니다.

〈규장각도〉 1776년 김홍도가 그렸다고 전해지는 그림으로, 2층 건물 중 1층이 규장각이고 2층이 주합루이다. 뒤쪽으로 창덕궁의 뒷산인 응봉이 보인다.

도판 목록

《직지심체요절》, Bibliothèque nationale de France
《승정원일기》, 서울대학교 규장각 한국학연구원
《조선왕조실록》, 서울대학교 규장각 한국학연구원
《장렬왕후국장도감의궤》, 국립중앙박물관
〈황희 정승 초상화〉, 국립중앙박물관
〈세검정도〉, 국립중앙박물관
《환영지》〈한양도〉, 국립민속박물관
〈동궐도〉, 고려대학교 박물관, 동아대학교 박물관
〈내외선온도〉《사궤장연회도첩》, 경기도박물관
〈동궐도〉 중 금천교, 고려대학교 박물관, 동아대학교 박물관
〈영조 어진〉, 국립고궁박물관
〈동궐도〉 중 경회루와 춘당대, 고려대학교 박물관, 동아대학교 박물관
〈동궐도〉 중 창덕궁 중희당, 고려대학교 박물관, 동아대학교 박물관
〈동궐도〉 중 창덕궁 진수당, 고려대학교 박물관, 동아대학교 박물관
〈시흥환어행렬도〉《화성능행도》, 국립중앙박물관
〈준천당랑시사연구도〉《준천당랑시사연구첩》, 고려대학교 박물관
〈준천시사열무도〉, 서울대학교 규장각 한국학연구원
《경현당어제어필화재첩》, 서울역사박물관
정조 효손은인, 국립고궁박물관
《영조정순왕후가례도감의궤》, 국립중앙박물관
고종
고종과 원로대신들
통치권 양여에 관한 순종 황제 칙유, 서울대학교 규장각 한국학연구원
창덕궁의 궁내부 청사
〈규장각도〉, 국립중앙박물관

지은이 **김종렬**

경기도 파주에서 태어나 중앙대학교 문예창작학과를 졸업했습니다. 2002년 《날아라, 비둘기》로 황금도깨비상을 수상했고, 《새벽을 여는 온조》, 《빨간 날이 제일 좋아!》, 《내 동생은 못 말려》, 《길모퉁이 행운 돼지》, 《해바라기 마을의 거대 바위》, 《연두와 푸른 경계》, 《개와 고양이의 은밀한 시간》, 《정조 대왕》 등의 책을 썼습니다.

그린이 **노준구**

대학에서 광고커뮤니케이션디자인을, 졸업 후 영국으로 가서 일러스트레이션을 공부했습니다. 지금은 다양한 분야에서 일러스트레이터로 활동하고 있습니다. 《꿈꾸는 행성》, 《환상 정원》, 《찬이가 가르쳐 준 것》, 《깊고 넓은 바다가 궁금해》, 《노벨의 과학 교실》, 《호로로 히야, 그리는 대로》 등에 그림을 그렸습니다.

참고 자료

《은대조례 참고 자료집》 1, 2, 한국고전번역원, 2015
《궁궐에는 누가 살았을까?: 담 위로 우뚝 솟은 집》, 웅진주니어, 2014
《후설: 승정원일기 역사의 현장을 기록하다》, 한국고전번역원, 2014
《은대조례》, 한국고전번역원, 2012
《꼼꼼 신 사관의 실록 편찬기》, 웅진다책, 2008
《승정원일기: 임금의 숨결이 살아 있는 기록》, 김영사, 2012
《한국의 고전을 읽는다 4 역사·정치》, 휴머니스트, 2006

승정원일기 왕들의 살아 있는 역사

2017년 7월 20일 1판 1쇄
2022년 2월 28일 1판 3쇄

지은이 김종렬 | **그린이** 노준구

기획·편집 최일주, 이혜정, 김인혜 | **교정** 한지연 | **디자인** 민트플라츠 송지연 | **제작** 박흥기
마케팅 이병규, 이민정, 최다은 | **홍보** 조민희, 강효원 | **인쇄** 코리아피앤피 | **제책** 경원문화사

펴낸이 강맑실 | **펴낸곳** (주)사계절출판사 | **등록** 제406-2003-034호
주소 (우)10881 경기도 파주시 회동길 252
전화 031)955-8588, 8558 | **전송** 마케팅부 031)955-8595, 편집부 031)955-8596
홈페이지 www.sakyejul.net | **전자우편** skj@sakyejul.com
인스타그램 instagram.com/sakyejulkid | **페이스북** facebook.com/sakyejulkid | **블로그** skjmail.blog.me

ⓒ 김종렬, 노준구 2017

값은 뒤표지에 적혀 있습니다. 잘못 만든 책은 구입하신 서점에서 바꾸어 드립니다.
사계절출판사는 성장의 의미를 생각합니다. 사계절출판사는 독자 여러분의 의견에 늘 귀 기울이고 있습니다.
이 책은 저작권법에 따라 보호받는 저작물이므로 무단 전재와 복제를 금합니다.

979-11-6094-080-0 73910